U0756148

楚天首县

江夏非物质文化遗产概览

武汉市江夏区文化和旅游局
武汉市江夏区非物质文化遗产保护中心 编
武汉市江夏区文化馆

华中科技大学出版社
http://press.hust.edu.cn
中国·武汉

图书在版编目(CIP)数据

楚天首县:江夏非物质文化遗产概览/武汉市江夏区文化和旅游局,武汉市江夏区非物质文化遗产保护中心,武汉市江夏区文化馆编. —武汉:华中科技大学出版社,2023.1(2023.10 重印)
ISBN 978-7-5680-9030-8

Ⅰ.①楚… Ⅱ.①武… ②武… ③武… Ⅲ.①非物质文化遗产-概况-江夏区
Ⅳ.①G127.634

中国版本图书馆CIP数据核字(2022)第229445号

楚天首县:江夏非物质文化遗产概览
Chutian Shouxian : Jiangxia Feiwuzhiwenhua Yichan Gailan

武汉市江夏区文化和旅游局
武汉市江夏区非物质文化遗产
保护中心　　　　　　　　编
武汉市江夏区文化馆

策划编辑: 饶　静
责任编辑: 饶　静
封面设计: Amber Design
责任校对: 刘　竣
责任监印: 朱　玢
出版发行: 华中科技大学出版社(中国•武汉)　　电话:(027)81321913
　　　　　武汉市东湖新技术开发区华工科技园　　邮编:430223
录　　排: 孙雅丽
印　　刷: 湖北恒泰印务有限公司
开　　本: 787mm×1092mm　1/16
印　　张: 16
字　　数: 203千字
版　　次: 2023年10月第1版第2次印刷
定　　价: 108.00元

本书若有印装质量问题,请向出版社营销中心调换
全国免费服务热线:400-6679-118　竭诚为您服务
版权所有　侵权必究

编委会

名誉主任：张 斐　舒贵传

主　　任：柳长胜　梁 爽

副 主 任：王太明　胡 静

学术顾问：王建军

主　　编：徐竞翔　周 蕊

副 主 编：李 黎　齐春艳　胡 蝶

编　　委：胡彦平　全 红　余荣斌　祝志林　蔡亚明　敖雪梅
　　　　　王 俊　吕佑娟　曾 浩　陈汉水　姚成斌　蔡明亮
　　　　　魏 明　朱 敏　王家正　高媛媛　孙 珣　罗 凯
　　　　　丁 荔

编写人员：王豫丰　文 超　胡晓慧　郑 浩　刘 浏　史建文
　　　　　史金平　王梦圆　韩文宣　邓 爽　盛 芳　杨新友
　　　　　周 曼　杨 莉　王 璐

摄　　影：虞旻子　柳 斌　邬继军　艾 毅　李 黎　叶 勇
　　　　　曾凡荣　刘 震　黄德光　徐碧缘　朱 晨　高 超

绘　　图：祝 纯　刘 蓉

序 一

　　作为一位已经87岁的老人，从20年前在百名文化人关于抢救保护民间文化遗产的呼吁书上签名，随后热诚投身于国家实施的非遗保护文化工程热潮中，到今天喜见全国城乡非遗保护成果如鲜果挂满枝头，心头喜悦之情不禁奔涌而出。因此，受邀为这部精美的《楚天首县：江夏非物质文化遗产概览》一书写作序文，我十分愉悦地应承了下来。

　　我国的非物质文化遗产保护工程是于2005年3月国务院发布通知正式启动的。而这项文化工程，早在2002年初就由中国以冯骥才为首的百位文化人给全国两会的呼吁书中慷慨陈词予以申说了。下面是《中国文化报》记者于2002年2月29日发表的报道：

　　冯骥才、刘魁立、乌丙安、刘守华等百名民俗名家、民间文艺学家在《抢救中国民间文化遗产呼吁书》上签名，著名学者季羡林、于光远、启功等也纷纷签名表示支持。专家学者们对各地民间文化遗产保存状况频频告急而忧心如焚，无数珍稀罕见的民俗技艺和民间文艺伴随着老艺人的逝去而销声匿迹；改造旧城的推土机把大片的老城民居和附着其中的民间文化精华砰然推倒碾碎；民间文化典型器物大量流失海外，年画、皮影、傩戏等经典民间文艺日渐式微；祖先留下的千姿百态的城市文化和历史久远的乡土艺术、民俗器物，既少保存也未记录，一旦毁灭，无法复生。因此专家学者们呼吁，立即在全国范围内抢救性地开展民间（俗）文化普查并编纂普查成果，希望社会各界踊跃参与和支持民间文化遗产的保护。

　　这份呼吁书得到党和政府的积极回应，在原文化部的大力支持下，由冯骥才先生主持工作的中国民间文艺家协会迅速开展了抢救保护中国民间文化遗产的"抢保工程"。而这也和联合国教科文组织大力倡导的保护人类非物质文化遗产的全球行动正好契合，于是，中国政府2004年签字并同意加入联合国教科文组织2003年制订的《保护非物质文化遗产国际公约》，2005年3月，国务院即发布通知，紧锣密鼓地在全国城乡实施开展非物质文化遗产保护的宏大文化工程。

　　"非物质文化遗产"虽是外语中译，其实际对象就是我们通称的民间传统文化，以人们熟悉的民间文学、民间艺术、民俗文化为主体内容。人类历史跨入新世纪，文化遗产备受珍视。从保护物质文化遗产到进一步加强对丰富多彩的非物质文化遗产的保护，这已经成为势不可当的世界文化潮流。我国不仅设立了"文化遗产日"，由全国人大通过了《非物质文化遗产法》，还在国务院统领下，强劲实施了一系列非遗保护措施：从进行田野普查，到通过申报评审，分层级建立非遗代表性项目名录体系，以及相关项目传承人名录体系，并按照"政府主导、社会参与、合理利用、传承发展"的方针实施具体保护措施。近20年来，全国城乡的非遗保护活动如火如荼，挖掘整理出的非遗代表项目及其传承人如山茶花绚丽夺目，让世人震撼，成为中国特色社会主义文化建设的辉煌史诗。武汉市江夏区的这部《楚天首县：江夏非物质文化遗产概览》，就是荆楚名郡江夏千年累积的非遗精品荟萃之作，使我不能不深受吸引而为之点赞。

　　江夏目前共有非遗项目54项。其中市级项目12项，包括金口的传说、龙泉山的传说、采莲船、楚地菖蒲造景艺术、玉器雕刻技艺、江夏黄、金口草把龙、湖泗窑陶瓷制作技艺、舒安藠头制作技艺、五里界界豆酱制作技艺、汤逊湖鱼丸制作技艺、金口生炸鱼丸制作技艺；还有列入省级名录的梁子湖的传说。本书所载除省市名录项目外，也选取了部分区级名录中

3

的熊廷弼的传说、纸坊的传说、南桥的传说、金口灯调、金口栽田歌，以及金口的烧腊制作技艺、湖泗合菜面制作技艺、金口竹器制作技艺、榫卯技艺等，这些民间文学、传统音乐、传统舞蹈、民俗等多个非遗项目，以简洁明快的文字给予简介，并附彩图作生动呈现。全书显得丰富多彩，洋洋大观，完全称得是一部古郡江夏的民间文化宝典。

下面再说一下我作为献身于中国民间文学研究与保护的一名老园丁，就自己感受颇深的几项非遗代表作所触发的感想。

梁子湖的传说是我作为湖北省非遗保护专家委员会委员参与评审而列入省级名录的。作为千湖之省的湖北，湖泊星罗棋布，不但是一项地理奇观，给居民以丰饶的水产滋养，而且往往还附着一些优美动人的口头传说。梁子湖传说就讲到一位善心娘子用自家的新伞换取"疯和尚"的破伞后预知本地即将沉陷为湖的大灾难，因而得以乘船逃离获救的传奇故事。于是留下"沉了高唐县，泛起荷叶洲"的神奇传说而流传后世。我经多方考察，好多湖泊都有此类大同小异的传说故事世代相传，其实它是一个虚构的神奇故事，并非历史真实的记述。我为此还专门向华中师范大学研究文化地理的学者请教，他们告知，梁子湖本是古代长江改道、地理形势变迁所造成，后来人们出于天人感应、行善积德的文化心理，才创编出这样的传奇故事流传于世，但这仍有文化地理学和传说学的宝贵价值。

熊廷弼本为明代肩负国运的重臣，因受奸臣诬陷而遭难，后终获昭雪，深得世人敬仰，关于他的一系列传说也就获得人们的珍爱而流传不息。我这里还要提到一件史实，即武汉市著名的关于钟子期、俞伯牙于蛇山汉水之滨鼓琴结知音的传说，在未列入省级名录之前，只有冯梦龙所著通俗小说《警世通言》中有完整叙述。而地方申报非遗项目，必须出自地方民间文化积累之中。随后华中师大民间文学专业师生发现这个故事在明代已有说书文本《贵贱交情》，并在汉阳府一带流行。冯梦龙的通俗小说多是据流行话本改编而成。他是苏州人，在穷困潦倒之时，曾专程前来武昌熊廷弼家中访学求助，得到熊廷弼向苏州官场的有力引荐而解脱困厄。我们有理由推断，伯牙、子期的地方故事就是在这次武昌之行中深得冯梦龙的青睐而走进他的通俗小说之中的。说书文本的主旨是"贵贱交情"，小说却再现了原故事而以"心心相映结知音"来画龙点睛，也可以从侧面印证这一推断。我曾就此撰写一篇短文，刊于《知音文化》上。这一文坛佳话充实了武汉知音传说的文化意趣。

江夏黄是海内外黄姓子孙定期在江夏聚会祭拜古代黄歇等先祖的民俗仪式。黄歇为战国时期著名的四大公子之一，曾任楚国宰相，成就霸业。还有众多黄姓名人功业显赫，流芳后世，并以"忠孝义和"为祖训，润泽后世子孙。位于江夏五里界的黄氏大宗祠，于是成为海内外黄姓子孙认祖归宗、祭拜先祖的胜迹。2009年10月25至26日，就有来自海内外11个国家、地区及国内多个省区的黄氏后裔在此举行隆重热烈的"恳亲大会"。这项民俗盛典不但使江夏名扬四海，它也为源远流长的中华传统文化增光添彩，成为武汉地区所特有而享誉海内外的一项光彩民俗。

在列入保护名录的诸多非遗项目中，民间文学、民间艺术、民俗节庆等常为世人所称道，可是在民间生活文化中占有重要位置的衣食住行等方面的知识技艺与实践却往往被忽视或漠视。在中国非遗保护工程启动初期，我们也因囿于成见未能将"武昌鱼制作技艺""东坡肉制作技艺""热干面制作技艺"等特色饮食作为非遗项目申报而引为愧疚。这本《楚天首县：江夏非物质文化遗产概览》在"传统技艺"中列入了从舒安藠头制作技艺、汤逊湖鱼丸制作技艺、金口烧腊制作技艺，到安山柯家酒制作技艺、五里界界豆酱制作技艺，以及金口榨油技艺、湖泗窑陶瓷制作技艺、

金口竹器制作技艺等20多项民间传统技艺，这是省市及江夏区文化部门富于文化远见的表现。由于这些项目同民众日常生活紧密关联，因此在服务于大众生活、促进经济发展，以及促使这些传统技艺进行"活态"传承具有充分优势，从而给这本书增添了异彩。

最后说一说，我出生于江汉平原乡村，1953年进入位于武昌的华中师范学院（即现今华中师范大学）中文系就读，1957年毕业留校任教到今，已成为一位道地的武汉市民。武汉市江夏区的纸坊街道，过去我们曾作为武汉市的郊区来看待，我们华中师范大学中文系的一批青年教师，在十年动乱时期后曾由政府安排在纸坊中学教书，并举办过原武昌县的教师培训班，为全面恢复正规教学秩序作准备，我由此也结识了一大批富有朝气的乡村小学教师，体验了江夏古郡的风土人情。由此，也就使我在捧读这部《楚天首县：江夏非物质文化遗产概览》时，不由得生出一种亲切之感。在结束这篇小序时，我特向武汉市江夏区的父老乡亲、众多友人、非遗工作者致以美好祝愿！

写于华中师范大学桂子山校园

刘守华

2022 年 11 月 5 日

刘守华（1935- ），华中师范大学教授、博士生导师，湖北省民间文艺家协会名誉主席，湖北省及武汉市非物质文化遗产保护专家委员会委员。2022年4月，获中国文联终身成就民间文艺家荣誉称号。

序 二

　　江夏区是武汉市的南大门，历史悠久，文化璀璨，风光旖旎，人杰地灵。自古就为中国政治、军事要地，是楚文化的发祥地之一。江夏二字最早见于《九章·哀郢》中的"去故乡而就远兮，遵江夏以流亡"，因此江夏素有"楚天首县"之称。境内丘陵起伏，河湖纵贯，文化遗址众多。在漫长的文化发展史中，江夏不仅积淀了丰富的物质文化遗产，也传承了珍贵的非物质文化遗产。这些非物质文化遗产承载着江夏人民的生活方式、审美理念，是江夏独特的文化符号和历史文脉，也是人们认识、了解，甚至是找到江夏的路标。

　　江夏目前已知的非物质文化遗产，主要有民间文学、传统音乐、传统舞蹈、传统美术、传统技艺、民俗六大类，例如引人共鸣的梁子湖的传说、龙泉山的传说、金口的传说、熊廷弼的传说、纸坊的传说、南桥的传说；地方风味浓郁的湖泗吹打、金口灯调、金口栽田歌、采莲船、金口草把龙；各具特色、技压群芳的指画艺术、剪纸艺术、玉器雕刻技艺、烙画艺术、汉派木刻技艺；民淳俗厚的江夏黄、呼龙下十；技艺精湛的舒安藠头制作技艺、五里界界豆酱制作技艺、金口生炸鱼丸制作技艺、汤逊湖鱼丸制作技艺、湖泗窑陶瓷制作技艺、楚地菖蒲造景艺术、金口烧腊制作技艺等。其中"纸坊的传说"让人们知道纸坊在唐代就以造纸作坊而著称，纸坊就是因为造纸而出名的。"江夏黄"让世人了解到江夏是海内外黄姓华人公认的总郡望和发祥地，有"天下黄姓出江夏，万派朝宗江夏黄"之说。"金口草把龙"把民俗舞蹈和草把龙灯结合在一起，通过表演艺术，

将丰收的喜庆、热闹非凡的气氛呈现在观众面前，深受江夏民众的喜爱。"金口生炸鱼丸制作技艺""金口烧腊制作技艺"等，体现了江夏人民精巧的厨艺和回味无穷的风味。各类项目，令人美不胜收。江夏一代代传承人的匠心坚守，连接了过去与现在，让我们看到了江夏非遗文化的流光溢彩。

这些宝贵的非物质文化遗产在江夏丰厚的文化土壤上孕育，根植于本土，与江夏的历史文化和社会生活血脉相连，蕴含着本区域百姓特有的精神价值、思维方式和风俗习惯。其浓郁的地域性不仅是这些非物质文化遗产最鲜明的特征，也是其价值所在。正因为如此，它们不仅体现着江夏人民旺盛的生命力和创造力，也是江夏区别其他区域最富个性魅力的重要标识。所以，从一定意义上来说，江夏之所以成为江夏，不仅是因为它拥有优美的自然风光和生态环境，更重要的是它拥有这些独特的文化标识。这些贯穿于我们这个地方的昨天、今天及明天，存在于每一位江夏人血脉和记忆里的标识，如果没有或失去它们，江夏就不是江夏了。

今天，城市与城市之间的竞争不仅是经济的竞争，更是文化的竞争。在一个国际交流日益频繁、多元文化相互激荡的时代，文化所具有的软实力功能势必成为区域竞争的力量底蕴。而文化遗产正成为我们站在前人肩上继续迈进的基石，让我们看清过去的足迹，获取创新的灵感。

武汉市江夏区非物质文化遗产保护中心挂牌成立以来，江夏区非物质文化遗产保护工作在原有民间文化保护工作的基础上取得了丰硕成果。但是，我们也注意到，有些优秀的非物质文化遗产项目后继无人，面临失传的危险，许多独门技艺"人亡艺绝"，大量珍贵实物资料难以得到妥善保护，流失现象较为严重。因此，传承和保护非遗，人人有责。2021年12月，江夏区第六次党代会提出"文化名区"战略，强调要彰显人文交融的城市魅力，提炼具有鲜明特色的江夏文化内核，打造具有全国影响力的文化标识地，让"古武汉的源头、新武汉的缩影"成为江夏文化的鲜明标识。江夏是历史文化名区，区党代会又提出建设文化名区的发展目标，对包括非物质文化在内的文化遗产保护理应走在全市和全省的前面。

有鉴于此，武汉市江夏区非物质文化遗产保护中心组织了专家、学者不辞辛劳地收集到大量珍贵的资料与图片，撰写出了《楚天首县：江夏区非物质文化遗产概览》一书。该书图文并茂，客观真实，文字生动，以文述史，突出精彩故事，将学术性、资料性与可读性融为一体。作者力图通过编辑出版《楚天首县：江夏区非物质文化遗产概览》一书，对江夏非物质文化遗产资源进行挖掘、抢救及整理，借此推介江夏的非物质文化遗产，提高人们对非物质文化遗产的认识，更好地对本区的非物质文化遗产加以保护、开发和利用，进一步彰显江夏的文化底蕴，丰富江夏的文化记忆。我认为本书的出版一定会有助于提升江夏的形象和文化品位，让江夏的非物质文化遗产保护工作更上一层楼。

非物质文化遗产的传承和保护工作是一项长期的工作，相信在江夏各级领导和社会各界的关心与支持下，在省市非物质文化遗产保护中心的指导下，江夏非物质文化遗产保护工作的力度将会逐步加大，保护工作的机制将更加完善，非物质文化遗产的保护成果将会更加丰硕，探索出一条具有江夏特色的非物质文化遗产保护之路。届时，文化领先之江夏，城市品位与众不同之江夏，经济繁荣发展之江夏，人民生活幸福之江夏，一定更加昌盛辉煌！

湖北省文化遗产保护研究会会长
华中师范大学教授、博士生导师 **姚伟钧**

2022 年 10 月

目　录

❋ 民间文学

❋ 传统音乐

❋ 传统舞蹈

❋ 传统美术

江

夏

非

遗

民间文学

梁子湖的传说

王名举

位于长江中下游南岸的梁子湖，是中国内陆十大淡水湖之一，在世界享有"化石型湖泊""物种基因库"的美誉。它还是驰名中外的武昌鱼的故乡，为湖北省第二大湖。梁子湖被当地人俗称为"樊湖"，据说是因汉高祖封樊哙于荆楚，樊哙选居于此而得名。

"梁子湖的传说"根源在梁子湖，流播于梁子湖，汇纳于梁子湖，以梁子湖的传说、武昌鱼的传说、南北咀的传说为代表。它的主要价值集中表现在：赞叹梁子湖之美，生活之美，劳作之美。

千百年来，生于斯、长于斯的梁子湖人，在茶余饭后，劳作之余，一代代传承着丰富隽永的梁子湖的传说，这是一种群体性、自发性的口头传承，通常没有严格的师徒传承关系。在口耳相传的过程中，不时会出现一些讲述故事的能手。他们往往掌握了较多的传说故事，有较强的讲述技巧，在民众中有一定威信。

聆听梁子湖的传说，我们仿佛看到当年八仙在梁子湖畔饮酒下棋、自娱自乐的仙境；仿佛看到窑工们当年在梁子湖畔烧制青白瓷的熊熊窑火和那一窑一窑精美的青白瓷。梁子湖的传说吸纳千百年岁月的沧桑，承载世世代代的希望，浸润着祖祖辈辈的梦想。

梁子湖的传说

相传很久以前，梁子湖是一块陆地，名为高唐县，县城人气很旺，热闹繁华，百姓安居乐业。

有一年来了个县官，名叫何海仁，他一上任就不做好事，专欺压百姓，整天茶馆进、酒馆出，不察民情、不理民事，见到漂亮女子就抢进县衙，见到黄金白银就塞进腰包，闹得鸡犬不宁、民不聊生，民间怨声载道，老百姓都叫他"活害人"。

一天中午，大街上突然来了个疯和尚，手里拿一把破雨伞，口里高喊着"换伞了，坏伞换个好伞啦"！人们只当他是疯子，谁也不理他。后来，和尚看见一户姓樊的母子站在门口，连忙上前拱手说道："天马上要下雨了，贫僧的破伞遮不住雨、挡不住风，求你们广结善缘，换把好伞给我赶路。"姓樊的妇人见他可怜，叫儿子将家里的一把油布伞换给他了，和尚谢过以后，小声对妇人说道："三天以后高唐县要沉入湖底，你叫儿子每天去县衙门口望望石头狮子，要是石狮口里流血，你母子就朝高山上跑，不然就会淹死的。"妇人还想问个清楚明白，和尚已不见了。妇人想，这和尚不是一般的人，想必是高人，他的话虽不可全信，但也不可不信。

第二天，妇人叫儿子去看石狮子，儿子回来说，没见口中流血。第三天儿子又去了，正看得入神，来了个屠户，奇怪地问："你昨天来看石狮子，今天又来看石狮子，莫不是有什么名堂？"他老老实实地回答："我娘听人说，石狮子口里流鲜血，高唐县就要沉，叫我天天来看，是不是真的。"杀猪的屠户哈哈大笑："哪有石狮口里会流血的呢？"说完就走了。

屠户是个爱开玩笑的人，当夜杀完猪后，把一碗猪血泼在石狮子口里就溜走了。天刚麻麻亮，樊家儿子看见狮子口里真的有血，赶快回家告诉娘。娘说："快去告诉左邻右舍往山上跑！"母子二人家家去送信，等百姓都跑光了，他们才朝山上奔。跑去县衙门口，看见里面灯火辉煌，"活害人"还在饮酒作乐。娘说："儿啊，行个善，喊他们一声吧。"儿说："'活害人'害了多少人，莫管他们！"话刚一落音，一时天崩地裂，几丈高的水头翻滚过来，县衙转眼就不见了。儿子忙把娘背在身上，但四处无路，突然看见很大一片荷叶，浮在水面上，娘儿俩赶紧爬了上去。说来也怪，这荷叶便将母子二人托住了。水涨荷叶高，叶不动，茎不摇，稳稳当当。这时"活害人"正在水里挣扎，大喊救命。儿子说："你残害了多少百姓，今天让龙王收了你吧！"恰好一个浪头打过去，把"活害人"卷入水底喂了鱼。

从此，高唐县就变成了百万亩的湖泊，樊家母子坐的那片大荷叶，变成了一个洲，就是传说中的"沉了高唐县，浮起荷叶洲"。人们为了感谢这娘俩的报信之恩，就将大湖取名为"娘子湖"，后来人们慢慢将其叫成了"梁子湖"。年深月久，荷叶洲住的人越来越多，逐渐形成了今天的梁子镇，也叫梁子岛。

武昌鱼的传说

相传，梁子湖原先是一片陆地，属高唐县管辖。只因县官贪赃枉法，鱼肉百姓，惹怒了龙王，发了大水，才把这片陆地淹没了。

有家姓樊的娘儿俩，事先得仙人指点，晓得要发大水，于是分头挨家挨户送信，等到乡亲们都逃走了，他们才准备走。这时天崩地裂，雷鸣电闪，几丈高的浪头铺天盖地地滚了过来。娘儿俩无处逃生，幸亏有一片随水涨高的大荷叶救了性命。眼看一片汪洋，无法上岸，娘儿俩蹲在荷叶上又急又愁。快到黄昏时，波浪中忽然钻出一头大水牯（公水牛），开口对娘儿俩说道："你们积了德，行了善，我把你们背上岸。"娘儿俩又惊又喜，骑上牛背逃了难。

大水牯脚踏波涛，如走平地，一口气走了十几里。天慢慢黑了，大水牯分不清东南西北，急得团团转。这时，儿子高兴地喊道："快看！东边升起了月亮！"大水牯抬头一看，东边果然有个闪闪发光的东西，又像半边月亮，又像座半圆形的山，那就是现在的"月山"。大水牯认清了方向，背着娘儿俩拼命地跑。走到半夜，娘儿俩都饿了。樊母说："儿啊，逃了一天一夜，没沾一粒米，想吃的啦！"大水牯说："老人家，忍一下，我背你们下海吃鱼吧！"

大水牯把娘儿俩背到下通海。这下通海有一块大石板盖着，鱼儿出不来，大水牯大喊一声"鱼来"，成千上万的鱼儿就拼命从石板缝向外挤，把身子都挤扁了，成了现在这个样子，所以被叫做"鳊鱼"，也就是现在美名远扬的"武昌鱼"。娘儿俩吃饱了肉嫩味鲜的鱼儿，大水牯继续赶路。

不一会儿，他们就上了岸。

　　岸上，那些被娘儿俩救出的乡亲们，正围在一起念叨着，不知他们是死是活。看到他们也逃出来了，都围上来问长问短。娘儿俩把大水牯搭救的经过说给大伙听，还告诉他们下通海的鱼怎样好吃。大水牯看到乡亲们饿得东倒西歪，又背着他们到下通海吃鱼，背了一趟又一趟，最后活活累死了，四脚趴地，横卧湖中，变成了现在的"牛山"。打那以后，老百姓都晓得下通海鱼儿多，味道好；还晓得鳊鱼年年在那里"挤板"，于是把下通海取名为"鳊鱼潭"。

梁子湖风光

梁子湖龙湾半岛

南北咀的传说

所谓南北咀，原是由梁子湖南面的南咀和北面的两座山而得名。

关于南咀和北咀，有一个动人的民间故事。传说南咀和北咀原先是一块草地，因高唐县地陷成湖后分为两块，一块在南，一块在北。一天，王母侍女感到天庭寂寞，私自下凡与人间后生偷订终生，并身怀有孕。王母得知后大发雷霆，命天兵天将将侍女捉拿回天庭。后生不知妻子去向，长期茶饭不思，死于南边草地，飞沙走石将尸体掩埋形成一座山，初叫"郎山"，后讹传为"南山"，即现在的南咀。而侍女得知丈夫已死，又私下凡间被王母发现，因而被打入北边草地中，双脚夹在地下，生出一扁体婴儿后去世。王母命天兵将其掩埋，后变成了一座山，即现在的北咀。

侍女所生的扁体婴儿一出生就无依无靠，后被观音菩萨发现，将其变为鱼类，投入湖中，成了鳊鱼。据说鳊鱼之所以美味可口，是因为其母在地下长期用溢出的乳汁将其哺养，故而鳊鱼才体肥肉嫩，味道奇佳。

龙泉山的传说

李　煦

　　在江夏区梁子湖西北岸，纸坊镇东20公里，两条山脉——南边的玉屏峰和北边的天马峰交接之间，有一圆形小丘，其形如珠，名珠山，从地图上看，有"二龙戏珠"之势。群山之间为椭圆形盆地，一条古河道纵贯其中。这里环山近湖，风景十分优美，有"龙泉圣地"之称。而它的一切故事，都从这"二龙戏珠"而来。

灵泉寺全景

中国第一副对联作者在此？

还在西汉时，这块风水宝地就被关注。那个在"鸿门宴"上超水平发挥、挽救了未来汉家政权的武将樊哙死后，就葬于天马峰下。那时候，这里叫灵泉山。

从那以后，又有许多隐逸之士迁到这里来隐居，他们在此兴建亭台楼阁，悠闲享乐，遂成灵泉古市。清同治《江夏县志》有载："灵泉古市始于汉，迄唐宋而兴盛。"这应该是武汉的第一个商业集市了。

更传奇的是，北宋诗人张芸叟辞官隐居在此，种地时居然"掘地得金巨万"。可想而知，这巨万金不会是天然形成的，总是某位前人留在地下的藏宝。无独有偶，几百年后，此地又有个幸运儿中了500万巨奖，据说已在汉口买了房，又买了几辆轿车，把这里当成别墅云云。

晋人陶侃葬在这里。陶侃被贬官后，每天早晨把一百块砖头从书房里搬到房外；到了晚上，又把砖头一叠叠运到屋里。他声称这样做是"每天借这个练练筋骨，将来国家需要我的时候，我还能担当重任"。搞得很多人佩服他，不过他那个叫陶渊明的曾孙更有名，陶侃先生地下有知，该是很欣慰的了。

这里还埋了唐朝的一个王爷，是江夏王李道宗。王爷倒也罢了，难得的是，他可能写了中国第一副对联。过去楹联界都说中国最早的对联是后蜀主孟昶（公元919～965年）的那一副春联："新年纳馀庆，嘉节号长春。"《中国对联集成·湖北卷·江夏分卷》却收了李道宗（公元600—653年）的一联：

武汉龙泉山绿道全长 5 公里

　　深山窈窕，水流花发泄天机，未许野人问渡；
　　远树苍凉，云起鹤翔含妙理，惟偕骚客搜奇。

　　李道宗是李世民的叔伯兄弟，曾攻入东突厥，俘颉利可汗，还曾护送文成公主入藏与松赞干布联姻。这样一个勇将，能写出那样的联语，实在有些匪夷所思。

一场结局讽刺的政治交易

灵泉山兼具繁华与灵秀，用现在房地产界的话来说，是一块升值旺地。据《灵泉山志》和地方志记载，自汉代至明初，灵泉山内曾先后住有樊、李、张、沈等八大世家。

时间翻到明洪武三年（公元1370年），朱元璋封第六子朱桢为楚王，时年7岁。11年后，朱桢正式来到封地武昌生活，王府就设在蛇山的高观山前。那时的朱桢年轻气盛，却很关心"身后事"。他每年都到灵泉山避暑，见此地山环水绕，风光幽美，常常感叹道："若为阴宅极佳。"

王爷大发感慨，自然有人见机行事。一个小人物——占卜师王化龙就这样偶然地走进了历史。王化龙是山东人，他见朱桢有意，就推波助澜地说："这是五龙捧圣的吉地仙壤，可谓'龙泉特结许多年，粉黛三千云外悬'。"

这可不是后人杜撰，20世纪末朱桢墓被发掘，出土文物若干，其中有块碑，刻下了王化龙的名字和事迹，那几句"吉言"也在上面。不知道这位风水先生有没有算过，自己那点事会这样被翻出。

却说朱桢听了王化龙的话，就更坚定了他夺取此"阴宅"的决心。问题是，已经有个人"住"在里面了，那人便是樊哙。

关于朱桢迫使樊家迁墓、赶走八大世家的经过，有两个版本。

《朱氏宗谱》说：朱桢以3亩换1亩的价格与八大世家换地，诱他们迁到山外，唯独沈家仗着自家有个大学士不同意。双方僵持不下，此事闹上京城，朱元璋出面调解，开出了"给沈家赐姓朱"的条件。这一下，沈家

灵泉寺一角

让步了。

　　另一个民间流传的版本就邪乎多了：樊哙家族死活不让先人墓，结果过了几天，有人就在地下挖出块石碑，上书"此地本是楚王地，暂借樊哙上千年；今日时限期已至，可将樊哙迁东边"等字。从西汉到大明，正好千年，樊家族人目瞪口呆之余，仍然不肯让步。朱桢就打破自己的头，说这是双方争抢中发生的，是樊家族人干的。樊家族人慑于形势，被迫迁了墓。朱桢死后，成功地把自己的棺材摆了进去。

　　公元1643年，张献忠攻陷武昌，抓住了第八代楚王朱华奎，把他放在笼子里沉入长江。楚王世系，遂与大明一起结束。

北有十三陵，南有九王寝

朱桢把一个繁华的灵泉古市变成一个大墓区，又将此地改名为龙泉山，此后的八代楚王继续在这里经营自己的墓，形成一组庞大的藩王墓群。此举令这里平添许多精美的建筑。

朱桢自己的陵园不说了。在园外不远，有一座龟碑亭。亭内有个台子，上面爬着一只龟，龟背上有一大槽，一块厚重的大石碑立在槽中。那龟其实不是龟，叫"赑屃"，是龙王的九个儿子之一，它喜欢负重，于是由它来背那块碑。赑屃颈部缺了一小块，那是抗战时期，日本宪兵队发现赑屃非常坚固，就在它身上系了个手榴弹引爆，结果炸掉了几块龟甲。那碑高7米，据测算有45吨重，在没有起重机的时代，如何能把这巨碑嵌入槽中？

专家推测，只有用"堆土法"。就是将碑从水路运来，利用冬天的低温，在路上泼水结冰，再以大圆木将碑运到亭外。这时龟已就位，便在周围堆起高土堆，将碑运上去扶正落位，然后一步步挖去土，这样碑就嵌入槽中。这正与民间传说的"龟不见碑"的施工法吻合。

不仅龟、碑不寻常，就连底下的台子也不寻常。那台子叫须弥座，湖北省测绘部门认定此物极坚实，又测得它的标高为黄海海拔36.82米，于是把它作为方圆海拔测量的基准点。

更神奇的是，与这座属于昭王的龟碑亭对应的还有两座，分别属于庄王、端王，这三座亭相距都是860米，构成一个等边三角形。

昭王陵附近约千米，有一棵700余年树龄的巨大朴树，此树相传为明

明楚王墓之楚愍王寝

"婆婆树"盘根错节，恰似九龙赴会

楚昭王寝

明楚王墓之楚昭王寝远景

代洪武年间户部尚书曾泰之母陈氏所植。据说每一代都有个婆婆负责保护它，故名婆婆树。婆婆树形态特异，粗壮的树干两人才能合围，更为奇特的是它根系发达，露出地面1尺多高，占地方圆数十步，盘根错节，恰如"九龙赴会"，令人称奇。

　　用生物学的观点看，这种奇观是由于水土冲刷造成的，在当地，处处可见这种"暴露根"。但用审美的眼光来看，唯有这一棵特别雄壮挺拔，它的根系一次次被迫离开土壤，又一次次深深扎下，那种顽强是颇有震撼力的。

　　白驹过隙的生命既是渺小又是永恒的，有如恒河沙数般在这宇宙中存在。这树，就是证明。

金口的传说

铁板洲的由来

金口江心由江水冲积沙土聚成一面积数平方公里的江心洲，呈长梭状，夏没冬露。相传夏禹治水时，为考察长江中游水势，路经涂口（今金口），见江心一洲形如蜈蚣，遂定名"蜈蚣洲"。

当时，骚人墨客云游槐山。俯视沙洲，沙砾闪烁，酷似玉米，以借物言志，触景抒怀，便信口呼之为"玉米洲"。槐山脚下有一矶头，名金鸡头（亦叫惊矶头），面对沙洲（玉米洲），宛如啄米之状，又称金鸡啄米，成为金口名胜之一。

明代兵部尚书熊廷弼（熊芝冈）回乡省亲。一日，游览名胜，信步槐山，极目长江，千帆竞发；俯视沙洲，沙砾泛金，令人心旷神怡。熊问乡人；"此洲何名？"乡人答："始名'蜈蚣洲'，夏禹所定；现名'玉米洲'，游人所云，有'金鸡啄玉米'之传。"熊听之不加思索说："此名不妥，养了金鸡，丢了玉米，应叫'铁板洲'，让金鸡啄不动。"从此，"铁板洲"名沿用至今。

（搜集整理：何东升）

留云亭的传说

金口长江边槐山上有座留云亭，古时叫达摩亭，说来有个故事。

相传，古天竺国（今印度）国王的儿子，法号菩提达摩，在我国南北朝时期，披袈裟、挂拐杖，漂洋过海到中国。南朝梁武帝立即派使臣迎他进京城（今江苏南京）。达摩在京城因与皇帝谈话意不相投，就沿江而上，走访名山寺庙。有一天，到了金口槐山，见风景怡人，但无佛寺庙宇，就准备再往前行。只见江面宽阔，水天相连，便在槐山折芦苇一支，抛于江中，步入苇上，漂江而过，直到对岸大军山。以后，他翻山越岭，到河南嵩山，入少林寺讲经，广传佛法，面壁九年，创禅宗得以流传。后来尊称为"祖师"。明代时，嘉靖皇帝传旨武昌府在达摩"一苇渡江"的金口槐山，修达摩亭作为纪念。

从此，"一苇渡江"的神话广为流传，达摩亭成为远近闻名的胜迹。

（口述：朱家和 许典元 搜集整理：瞿世章）

槐山银杏树的传说

　　江夏金口镇紧接长江的槐山风景区，有两棵已有一千六百多年的银杏树，风吹不断，雷击不倒，一直到今天还是枝叶茂盛，成为槐山风景区的一大奇观。

　　据史书记载，为当时槐山寺僧人所植。当时共栽种了十棵银杏树，现仅存两棵。槐山寺虽早已损毁无存，但这两棵古银杏树却诉说着暮鼓晨钟的往事。也有传说是唐睿宗李旦所植，当年武则天夺了李唐皇权，改唐为周。多名皇子被杀，李旦趁机逃出，多灾多难的李旦四处漂泊。后来取名为进兴，流落江南栖身在江夏安山一带，给一家店铺帮工为生。

　　店主有女名凤娇，长得如花似玉，每天都能与进兴见面。日子一长，凤娇见进兴气宇轩昂，为人忠厚稳沉，便日渐有了爱慕之情，对进兴百般照料，不料被爱财如命的父亲发觉。

　　如花似玉的女儿怎能与帮工相配？店主十分恼怒，招来两名打手，打得进兴皮开肉绽。正要将进兴赶走，进兴贴身挂着的玉裹肚掉落在地。店主颇有见识，一看便知是皇家宝物，帮工怎么能有玉裹肚？便将进兴五花大绑关在柴房，马上去官府投告了。

　　此时的武媚娘早已夺了皇权，改唐为周，自称则天皇帝，缉拿李旦的告示挂满全国。趁父亲去官府，凤娇急忙赶到柴房将进兴松绑，赠给银两，叫进兴火速逃走。

　　李旦四处躲藏，不久便流落到金口。见临江的槐山有一寺庙，他想受戒为僧躲过灾难。寺庙的老和尚心善，收下孤苦无依的李旦，给他受戒，皈依了佛门。

　　寺院有项规定，逢春众和尚都要栽树。李旦选了两棵银杏栽在庙前。唐、宋、元、明、清直到今天，一千六百多年过去了，两棵银杏依旧屹立在槐山，使游人流连忘返。

　　　　　　　　　　　　（口述：何绍廷 搜集整理：张国湘）

民间文学

23

禹观山的传说

　　相传夏禹治水时，沿着长江考察。一天，赶到沙羡（金口古名），见江右岸高耸的大山，问当地人："此山何名？"当地人答："尚未取名也！"禹沿石阶登上山巅，极目远眺，只见江波浩荡，白云悠悠，鱼帆点点，心胸豁然开朗。看到如此壮丽河山，竟屡遭水患祸害，更觉自身责任重大，憩片刻便匆匆下山，继续考察水势去了。夏禹走后，人们思其治水有功，便把此山取名"禹观山"。

金口后山街石板路

禹公矶与金鸡山

金口镇，古时叫"涂川"。江边有个"铁板洲"，很早以前叫"蜈蚣洲"。为么事叫蜈蚣洲呢？传说峨嵋山有一条蜈蚣修成了精，要到海龙王那里去大闹龙宫。它顺着江水往下爬，爬到两山相夹的涂川时，被狭窄的江面卡住了。当时大禹治水刚到这里，见蜈蚣堵塞大江，江水上涨，心里十分焦急。他想：若不赶紧制服这条害虫，两岸田地要淹，四乡百姓就要遭难了。他日日夜夜冥思苦想，没有想出制服害虫的法子。

这天，禹王站在江边摇头叹气，忽然走来一位白发老公公，他手提一只大公鸡，对禹王说："禹王为民治水，日日夜夜操劳，这礼物就送给你吧。"大禹拱手谢道："谢谢老公好意，蜈蚣为害涂川，洪水在前，民无食粮，我岂敢食鸡。"白发老公公听了，哈哈大笑："禹王不必发愁，世间上总是一物降一物的：老鼠怕猫了，甲鱼怕蚊虫，龙怕蜈蚣，蜈蚣怕鸡公。我这只鸡公是前辈人喂养的，养成了精，就让它和蜈蚣斗一斗吧。"说完白发老公公就不见了。

大禹知道白发老公公是个仙人，对这只鸡格外看重，亲手用玉米喂了七天七夜，又让公鸡饿了子丑寅卯七个时辰，然后，就把公鸡放到江边。这时，蜈蚣扳得白浪翻滚，洪水滔滔，爬上岸。饿得发慌的大公鸡翅膀一拍，就扑到蜈蚣背上一气乱啄，把它吸成七七四十九节拖到岸上来，堆成一座山包。日子一久，堆蜈蚣的山就变成了蜈蚣洲；公鸡也变成了一座"金鸡山"；大禹站过的地方，就叫"禹公矶"，白发老公公落脚的地方，就叫"神山"。这些地名，一直沿用到今天。

（口述：张雄飞　搜集整理：徐忠影）

民间文学

25

龙床矶的传说

在中山舰沉没的长江南岸，有一块巨石伸出江面，江水撞击石头，形成巨大漩涡。这块石头就叫龙床矶。提起龙床矶，当地流传着一个古老的传说。

相传很久很久以前，湖南岳阳郊外报国寺一老道人，带着两个道童顺长江云游，一面拜访古寺神庙，一面传经布道。阳春三月的一天，这位老道人和两个道童来到了江夏金口下游的巨石嘴边。老道人眯眼一看，心头一震，当即和道童爬到石头嘴上，只见对面大军山巍然而立，山头薄雾环绕；江中急流直下，遇石头嘴阻回，形成一个巨大漩涡；石头嘴靠岸一侧，参天大树形成了绿带。老道人转头对道童说："此处是个风水宝地，我们就在此地住下吧！"道童不知缘故，只随师父在附近吴家祠堂住了下来。老道人仍天天访古寺拜道友，但回到住地非到江边石头嘴上待上个把时辰不可。

不知过了几个春秋，老道人忽然对两个道童说："徒儿们，我自感不祥，不久将逝。我死后的尸体，你们不要理，只用稻草卷好，托到巨石矶头上，朝漩涡抛下去，至于什么原因，待抛尸后，再打开我的道筒一看便知了。"老道人说完便闭上双眼逝去。

两个道童按师父遗嘱，找来稻草将老道人尸首卷好，两人托尸于石矶上，正准备往下抛，其中一道童说："师父几十年如一日，待我们如慈父，如此抛尸江中，于心不忍。我们还是化点缘，把师父厚葬吧！"另一道童也感到师兄的话很有理，就将老道人的尸首留下来，将卷尸的稻草抛下江去，稻草立即被卷入漩涡中。

等两个道童多方化缘将老道人厚葬于石头嘴后的山脚后，找出师父的道筒一看，上面有老道人的笔迹："此矶系龙床矶，死后入江上龙床，来世龙凤呈祥，可称天子一统天下也"。两道童一看，恍然大悟且后悔不已，连忙跑到石头矶上一看，江水照旧流，但漩涡没有了，只见从漩涡水面外冲出一根稻草来。

此后，每年老道人的忌日，石矶下的江面总会冒出一根稻草来。这块大石头便叫龙床矶了，附近姓吴的湾村也就叫龙床矶湾。

（搜集整理：李新南）

摇橹湾的传说

　　横跨东西的沪蓉和贯通南北的京珠两条高速公路，在江夏金水的神山交汇。神山脚下有个远近闻名的小村庄，名叫摇橹湾。此湾的由来有一个古老的传说。

　　古时，金口街上有一家吴记瓷器店，店老板姓吴名光祖，据说是从湖南岳阳流落到金口的一名侠士，他练就了一身奇功，闻名于金口一带。话说那一年的农历腊月底，吴老板带两名伙计摇船驾橹赶到江西九江进货，打算在春节出售。吴老板带着伙计东奔西走总算打足了满满一船货，可日子到了腊月三十的下午了，两个伙计心急如火，对老板说："吴老板，今日三十了，明日初一，我们怕回不了家过年了？"吴光祖笑了笑说："伙计

金口矶石驳岸

们，别慌莫急。先到饭馆吃饱喝足，包你们回金口老家出天方。"俩伙计听了哭笑不得，心想九江距金口水路至少两三百里，上水一天两夜都难到，吴老板怕是在侃神话。不过急也没用，吃饱喝足再说。三人酒足饭饱后，才摸黑上了船。

吴光祖一上船，也不点灯，就对两个伙计说："今晚我一个人摇橹，你们俩进船舱中闭着眼睛睡觉，无论听到什么声音也不要睁眼，到了家我喊你们上岸。"两伙计本来喝多了酒，正想睡觉，就满口答应了。大约过了三个时辰，有个伙计一觉醒来，只听到船两边呼呼地响，想睁开眼看看。但想起老板的话，又不敢睁眼，过了一会儿，他还是按捺不住睁开了左眼，突然木船摇晃了一下，只听见船尾摇橹的吴老板大吼："哪个找死的睁眼睛，快闭上！"吓得伙计赶快闭上左眼。小船又用抽袋烟的功夫，摇摇晃晃到了金口，正赶上鞭炮齐鸣出天方呢！

原来，吴光祖有神功，以两橹为翅，让船离水腾空而飞。不过，不能让外人看见，当晚一伙计睁左眼时，木船掉了一只左橹，好在有一只右橹仍在，摇晃着飞回金口。

那只左橹掉在离金口十里地的神山脚下一个依山傍水的小村庄。从那时起，这个村庄便叫摇橹湾了。

（搜集整理：李新南）

熊廷弼的传说

　　江夏物华天宝，人杰地灵，历代名人辈出，明朝将领熊廷弼就是其中之一。熊廷弼（1569—1625年），字飞百，号芝冈，湖广江夏人，少时家境贫寒。他放牛读书，刻苦强记，万历年中进士，有胆略，知兵事，且善射，官至兵部尚书，为官清廉，深得百姓拥护，因被奸臣所陷害，遭传首九边。

　　崇祯二年（1629年），忠臣为熊廷弼诉冤，始得昭雪，得以归葬故里，谥襄愍。作为江夏人，熊廷弼在这块热土上生活了三十多年，留下了许许多多的美丽传说。

江夏区熊廷弼公园广场

冷饭塘，清水塘

熊芝冈要去京城考状元，可是家道贫寒，没有盘缠，于是到舅舅家去借，可舅舅不在家，只有向舅娘说明来意。舅娘嫌熊芝冈家是填不满的无底洞，又看不起他这穷酸相，有意不肯借钱，只说自己不能当家，等舅舅回来再说。当天，熊芝冈便到放柴草的屋里去睡。

舅舅半夜回来，舅娘跟舅舅说："你熊家的外甥来了，要借钱进京赶考。"

舅舅说："你借给他了吗？"

"哼，一副穷酸相，吃饭的钱都没有，还考什么状元？"

"海水不可斗量，借一点钱给他吧。"

舅娘把眼一横："你要是借钱给他，从此你休想进这个门。"

舅舅哪敢吱声，只是可怜芝冈，满腹文才无处用。舅舅思前想后，说是到柴房看看芝冈。舅舅来到柴房，推开门一看，只见稻草上卧着一条金光闪闪的大蟒，吓得他连忙退出门外，转头又一想：人人都说芝冈不同凡响，这莫不是我外甥的化身吧。再进门一看，只见芝冈在稻草上睡着了。舅舅叫醒芝冈，把身上所有的钱都给了他，千叮咛，万嘱咐。芝冈千恩万谢，洒泪上路。

舅舅回到上房，把见到大蟒一事跟舅娘说了。舅娘听后，心中惊叹不已，心想：那是芝冈的化身，肯定能中状元，我这舅娘也沾光啊。唉呀，不好，昨天晚饭也没有给芝冈吃，现在又没有做饭给他吃，那不是得罪了他吗？想到此，她立即到厨房，亲自动手，做了一碗鸡蛋炒饭，加了麻油又加猪油，提着篮子，连走带跑去追芝冈。

熊芝冈虽借到了银钱，可腹中少食，慢慢向前走着，只指望天亮后找家店子买口吃的。行到五里墩旁的一口塘边，实在走不动了，他就坐了下来。此时天已大亮，看见舅娘追上来，熊芝冈以为舅娘来追银钱，想走又走不动，只有准备还钱。舅娘到身边，一声儿、一声乖地叫，熊芝冈有点莫名其妙。舅娘说："儿啊，我怕你饿坏了，走不到京城，给你送饭来了。"熊芝冈看到舅娘不是来要钱的，还送来香喷喷的饭，端起就吃。舅娘看到饭一点热气都没有，着急地说："这可怎么办？吃冷饭要坏肚子的。"熊芝冈说："多谢舅娘。"便坐在塘埂上，一口气将冷饭吃光。

熊芝冈拜别了舅娘继续赶路。走着走着，口中实在渴，前不着村后不着店，又没有地方讨水喝。他来到柏木岭的一口塘边，见水清可见底，忙用手捧水喝，越喝越有味，如甘露甜美，浑身精神陡长，朝京城走去。后来当地人为了纪念熊芝冈，把熊芝冈坐在塘埂上吃饭的那口塘就叫冷饭塘，喝水的那口塘就叫清水塘，一直沿用至今。

（口述：张东风　搜集整理：李修元）

民间文学

巧对求学

熊廷弼七岁那年父亲便去世了。孤儿寡母，一贫如洗，母亲只好投亲靠友，带他去舅舅家过日子。可是祸不单行，没过多久，母亲也一病身亡。失去了双亲的熊廷弼，变得越来越懂事了，舅舅家中的勤杂事，不要任何人吩咐，他总是主动去做。

有一天，家里的午饭已经吃过了，可是在对面村里读书的表兄还不见回来，舅舅便让熊廷弼去找。他忙着赶去了学堂，见表兄跪在门边，便要

江夏区熊廷弼公园大门

扯表兄起来，可表兄仍跪着不动。这时，教书先生邱中美闻声跨了进来。

"蠢材。"邱中美吼表兄，"你跟我读了三年书，这么简单的对子都对不上，真是岂有此理！"

表兄急得满头大汗，不知如何是好。

"快跟我对！"邱中美又念起了上联："高脚鸡踩簸箕压倒高脚鸡。"

表兄张了张口，还是对不上来。

熊廷弼在一旁止不住笑了起来。

邱中美问熊廷弼："你笑什么？"

熊廷弼大胆回答道："这对子好对。"

"好对？"邱中美不以为然地看了一眼熊廷弼道："那你对来听听！"

熊廷弼的下联早已咏好，他不禁脱口而出："瘪嘴鸭钻贝壳夹住瘪嘴鸭。"

邱中美听了十分高兴，便要熊廷弼来上学。熊廷弼将自己的境况如实说了，邱中美当场定下不收他一文钱。从此，熊廷弼便与表兄一道，每天高高兴兴地上学了。

（口述：艾自如　搜集整理：敖绪銮、高家峦）

民间文学

熊廷弼与竹马

熊廷弼自从被邱中美收为学生后，日夜发奋，勤学苦读，《千家诗》与《幼学》都读得倒背如流，夺得了学堂之魁。只因舅舅家离学堂太远，熊廷弼为了不耽搁时间，便想了一个心思：用竹竿当马，来回骑着。这事却也奇怪，传说是神仙被他那好学之心感动了，便施了法术，寻根小小的竹竿，将其变成了四蹄如飞的竹马。

熊廷弼十分高兴，上学放学都骑起了这匹竹马。不过他也没有乐而忘忧，生怕别人发现了这匹竹马，他不与别人同路，用完之后就将竹马藏在学堂一侧的土地庙里。收藏时他每次都要向土地公公拜上几拜，还念念有词地说："老人家，麻烦您看管看管，小子道谢了。"日子一长，土地公公不耐烦了，向土地婆婆嘀咕："这小子真邪，我又不是他的佣人，凭什么要天天给他看马！"

土地婆婆也十分气愤，把手一扬，"赶出去算了！"

土地公公取来鞭子，可是这竹马好比生根之树，任凭怎么抽赶，它也一动不动。

土地婆婆见抽赶无效，便让土地公公用箭射它。

土地公公一箭射去，竹马倒了。可是它大发雷霆，后蹄一抬，将土地庙擂垮了一半。土地公公急得脸发白、眼发呆，当晚便托梦给邱中美，要他对熊廷弼严加管教，并要把庙修复好。

第二天，邱中美一大清早就去土地庙看了，情况果然与梦境中一模一样。他叫来熊廷弼，熊廷弼一五一十地对老师说了。邱中美要他赶紧把土地庙砌好。

熊廷弼马上将土地庙砌好了，可心中总有点不快：那四蹄如飞的竹马没了，土地公公也不肯说个子丑寅卯。熊廷弼十分气愤，想来想去得了一法，他用纸剪成了一道枷，戴在土地公公的脖子上。

土地公公戴了枷，动弹一下也很难。土地婆婆急得要命，只好又托梦给邱中美，并答应将竹马归还。熊廷弼听了老师的吩咐，给土地公公取了枷。事情真灵，那匹心爱的竹马立即又出现在眼前了。

熊廷弼高兴得不得了，跨上竹马唱道："马儿好，马儿妙，我的马儿不吃草，跟我上学跟我跑！"

（口述：廖万秀　搜集整理：余祖贤）

熊廷弼雕像

纸坊的传说

彭敦运

天下只有一座"八分山"。

山下的纸坊，千年前就是闻名遐迩的纸都。

古时候的"都"，是介于县乡之间的行政区划，不像今天是用来美称有特色的城市。

纸坊青龙山

纸都何时开始造纸，已无正史可考，只保存在他传我说之间。

据说那还是西晋末年，北方发生了"石勒之乱"，中原重镇汝南被陷，数万官民黄夜南逃，在付出了惨重的死伤后，才在七百里外的沙羡站住了脚。

命是保住了，可往后的日子怎么过？刘笙愁得不到半夜就白了头。就在天晓时，他突然遇到了几年不见的邻居桓景。桓景对他说："刘兄莫急，这地方有楮（树）多竹，近水靠山，你何不重操旧业？"

"是啊，是啊。"明白过来的刘笙连忙抱拳称谢，谁知手举人醒，原来是南柯一梦，哪有什么桓景？

不过，刘笙还是相信这梦，虽然桓景在几年前就成了神仙，可是眼下他的青龙剑却真真实实地握在自己的手里。

有了这把剑，刘笙带领乡亲在小山边驱狼虫、抗瘟疫、伐楮砍构、炼灰捣竹，几个月后就造出了一批黄表纸，而且还在涂口卖了个好价钱。遗憾的是，返程后的刘笙却怎么也找不着那把青龙剑。为了纪念那夜的梦，他把村后的小山取名"青龙山"，山前小溪就叫成了"青龙河"。

部分造纸工具

东晋站稳了脚跟后，朝廷上下格外崇佛，各地寺院香火鼎盛。按理说，刘家湾的纸业只会越做越好，可谁知这里湖江相通，长江一涨大湖就溢，青龙河跟着泛滥，加上郡县侨置紊乱了行政，尽管刘笙们起五更、睡半夜，可工坊仍然没有太多起色。

40

抄纸

覆帘压纸

　　虽说如此，生意做不大的刘家湾也毕竟是汝南侨置沙羡后中规中矩的纸场啊。咸和二年（公元327年）三月，护犊子的郡守大印一盖，刘家湾一夜升级，成了汝南县下的"纸都"。

　　遗憾的是，这一纸政令却被江夏县、郡两级嗤之以鼻。原来那时涂口城里正是"双峰"对峙：既有本土的江夏郡、沙羡县执政，也有侨置的汝南郡、汝南县行令，侨置的"纸都"怎能被沙羡县和江夏郡承认？但是承不承认是一回事，交不交税是另一回事，刘家湾的造纸作坊税缴双份、役服两重，可怜的"纸都"只能在两县、两郡的夹缝里苦苦挣扎、惨淡求生。

　　开皇九年（公元589年），隋文帝拨乱反正，侨县被撤，"汝南"更名为"江夏"，县治也迁进了当时的"鄂州"（今武昌）。半遮半露半合法的"纸都"就此退出舞台，但刘家湾造纸作坊依旧烟雾缭绕，日急夜赶。

　　又过了几十年，隋炀帝胡作非为，天下又乱了，而欲推翻隋朝的第一狠人便是他的亲表哥李渊，他带领的晋阳兵搞得杨广寝食难安、焦头烂额。

刘家湾的工匠们可管不了枭雄间的你争我斗，他们仍旧天不亮就起，天黑尽了才息，眼里只有黄表纸。不这样不行啊，黄表纸里有他们一族的米与油，布与帛。

就在他们累得死去活来的那年暮春，这里突然来了一位名叫"马周"的小青年。这小哥本是山东人，虽然穷困潦倒，但却天资极其聪颖，且放荡不羁。不仅砸了博州（今山东聊城）助教的铁饭碗，而且追求浪漫、喝酒游历。可能是不服水土，也可能是偶感风寒，一失足就从凤凰山上摔了下来。

正在作坊督工的刘家老大，耳边突然出现一个声音："文曲星跌下凤凰山，快去救助。"刘老大回头，哪里有什么人影？他好生奇怪，莫不是有上仙令我救难？抱着宁可信其有的想法，素有善心的他忙呼小儿驾起驴车就朝凤凰山疾驶。

来到山下，只见路边一人额头带血、脸色苍白、气若游丝。他掐了掐人中，灌了点热水，随即将他抱起，拖到就近的草棚，又叫小儿找来郎中，并在此亲自守候了半天一夜。

第二天上午那小哥才醒，吃了点流食竟然坐了起来，刘老大这才知他叫"马周"。若干年后，这个地方被当地人称为"马山"，以纪念李世民的

手工花草纸

纸样展示

宰相（中书令）马周曾落难于此。

小恙得康后的马周亲自到刘家湾致谢，刘老大欲置宴接风，谁知马周看见他家灶头有只鲜鹅正在竹炭上烧烤，便说："我见恩公甚忙，不如就让我与这鹅独处，就当恩公再恩，若何？"

刘老大抿嘴一笑，提来一坛酒，拱拱手转身离去。转身离去的刘老大怎么也想不透彻，这不修边幅、如此放荡的小哥，也是"文曲星"？又一想，我只救人，其余的管它作甚？

约莫个把时辰后，马周把烤鹅往竹篮里一丢，提起酒坛，信步东出。

青龙山是美丽的，暮春更甚。千顷绿涛呢喃，万亩嫩笋吐新。野蕊草丛演初舞，紫燕尾剪和风。坐在断崖边，撕鹅举酒，好不惬意。好不惬意的马周，深觉刘老大"真够朋友"，不禁回望来路。就这一看，掬得一幅千年不衰的胜景。原来起伏的群岚恰在前面留下一扇"山窗"，露出小岭那边的屋宇窑坊、楼台亭阁，薄雾朦胧、微烟袅袅……好一幅"松影含坊"的水墨大写意！

酒微醺，景大美，人半狂。半醒半狂的文曲星马周，捡起崖下半片竹，抠出蓝中一粒炭，龙飞凤舞地写下：

纸坊不独擅黄表，备经续典方为高。
武功安能欠文治？来日此竹撑本朝。

一觉醒来后，怀揣竹片的马周回到刘家，把竹片交给老大，叫他送到县衙，驿递京师秦王李世民。

好不吃惊的刘老大，尽管睁大了双眼，但还是照着做了。

无名庶子这般粗俗之作，岂可就递贵胄皇亲？

他不停地从浆池中
捞起一张又一张腊黄的脸
已分不清哪一张是草木的
哪一张属于自己
——破碎的倒影
随手抄于竹帘之上的面孔
魂魄连着经络‥

《纸坊记·造纸者》
邱述安

铅活字

但偏偏凑巧，江夏县令恰在头天夜里梦见文曲星有简上奏。他坐在衙署正纳闷，忽然门丁来报："有一奇竹漏简，要求驿递。"

县令接过一看，天哪，这不就是昨夜梦中所见？他不敢怠慢，取出专递驿匣仔细包好，交与驿差，飞马北驰。

再说几天后秦王收到这一竹片，大惑不解：这都说了些什么呀？大惑不解的李世民，把没有看懂的竹片插进了书丛，日久天长，渐渐给淡忘了。

一晃就是八九年，当年的秦王已经变成了大唐皇帝。贞观五年（公元631年），励精图治的李世民下令百官上书，针砭朝政，谈论得失。连续几天，他日日翻看众臣奏折、夜夜细品各家所言，总觉平淡无奇，不能走心。有点失落的他漫不经心地打开常何所奏，突然，他被眼前的那一笔工整的楷书吸引了，昏昏欲睡的他一下子站了起来。他不得不恭敬，原来那份奏折上所论二十余事，件件切中时弊，看得他大惊大叹："妙，妙，妙啊！"

一连三个"妙"，也唤起了李世民心中的疑惑：这常何是武将啊，他哪能写得出如此惊世骇俗、文采飞扬的华章？

手握奏折的李世民忙令值夜

传统手工造纸成品

纸质文创产品

太监急传常何。

　　那常何也毫不隐瞒，坦白地说："末将哪有这个本领？是我家客卿马周所为。"

　　急不可耐的唐太宗连夜再召马周，小谈片刻后就相见恨晚，要不是皇后不悦，李世民当夜就与马周抵足而眠了。

　　遇到明君的马周一举冲天，史书载曰"（上）令直门下省"，也就是让他做了皇宫内的侍从官。

　　青云直上的马周这才有机会谈起当年那片竹简，李世民这才想起"纸坊"之趣。

几天后，马周又向笃信佛教的皇帝推荐了"八分山"，说那里山势雄奇、威布八方，可建皇寺福佑楚天。李世民诚荐玄奘的师兄舆骆禅师前往兴寺传教。那舆骆禅师也没辜负太宗，雄伟的"灵济南寺"不久就高矗崖边，而且慕名前来修行的僧侣过万，以至于山麓僧房鳞次栉比、梯次而上，多达数千间！

儒释道三教融合的八分山，给刘家湾带来了勃勃生机，不仅礼佛的黄表纸生意爆棚，就是江夏郡王李道宗与鄂州（武昌）官府注资督造的官纸也精品如潮，新品迭出。一时间纸坊声名鹊起，天下皆知。

百年后，北方突发"安史之乱"，运河卡死，漕运断绝。江夏县城又被迫担起漕运重任。青龙山下的官纸作坊不仅超额上交了大笔赋税，还把各地所需税用票据四向输出，规范了全国税收，正如马周所说那样"竹撑本朝"！

长庆三年（823年），唐廷宰相牛僧孺出为武昌节度使，多次莅临青龙河边的他为纸坊人的敬业精神所感动，不仅派员督造，而且几次注资，自此纸坊所产的黑、白、青各色官纸再次远播荆、扬、湘、粤……

属下问牛相："此地何时名纸坊？"

牛僧孺答曰："马（周）相早在武德年间就有'纸坊不独擅黄表，备经续典方为高'的诗句，尔等不知？算来已有200年了啊。"

正是马周、牛僧孺等一批睿智之人，发现了八分山、青龙山，相中了这里的长江大湖，推崇这方热土上的敬业精神，才有古镇纸坊数百年的如日中天，所以当时就有儿歌赞道："前有马见（马周推荐），后有牛耕（牛僧孺跟进投入），富山丽水，纸坊必兴！"

民间文学

南桥的传说

冯富国

  中国是桥文化的故乡，几乎每一个地方都有古桥的身影。古桥承载着一个地方的历史文化和审美追求，见证着时代变迁、风云变幻，也记录着一代又一代人的美好回忆。

  武汉市江夏区的古桥颇多，修建年代跨越元、明、清三个朝代，如元代的南桥，明代的金水桥、李家桥、灵港桥，清代的三眼桥等。据《江夏县志》记载，早在清代之前，收入县志的大小桥梁就有60余座，目前保存下来的30多座古桥，部分仍在使用。

南桥为武汉市文物保护单位

江夏为什么会有这么多古桥？有学者认为，这与当地湖泊众多的地理环境和独特的区位优势有密切关系。江夏区是武汉市的南大门，自古以来是连通南北的水陆交通枢纽，经济富庶，文化繁荣，有"楚天首县"之美誉。明清时期，江夏经济相对发达，而我国传统文化中，修桥补路可以为子孙后代积累福报，因此，每次筹钱修桥的时候，众多乡绅士人都会纷纷慷慨解囊，造福一方百姓。

始建于元代的江夏南桥正是由当地饶姓富户饶东山出资所建。这座古桥是江夏乃至整个湖北年代最早且有明确纪年的古桥，位于江夏区山坡乡贺站社区陈六村大屋饶湾东北的南桥港上。因其特殊的历史价值和建筑艺术价值，1989年江夏南桥被列为湖北省文物保护单位。

据大屋饶村所藏的《饶氏宗谱》记载："迄元至正年间，东山公阡陌云连，外则特建南桥，内则重修墙壁墙里，饶氏群称巨室……"这段记载说明饶东山在修葺饶氏宗庙祠堂的同时，又出资修建了南桥。

根据传说，当年东山公常在茶馆里与客商聊修桥大事，与一位姓科的客商很谈得来。一来二去成了朋友，东山公交付一万两银子的定金托他买修桥石料，约定来年春季送料修桥。

第二年春，东山公没见到科姓商人，几年过去了，石料还是没有消息。且说这姓科的商人驾船过梁子、出樊口、入长江，到江西九江一带，以那一万两银子为本做生意，发了一大笔财。

三年后这位科姓商人衣锦还乡，入樊口，当船行至梁子湖中心，晴朗的天空突然狂风大作，波浪滔天，商人跪在船头呼救："老天啊，救救我吧！我背信朋友，发了不义之财，但我会报答朋友的啊！"商人以头撞船昏死过去。醒来时，风浪已息。回到家后，他做了两件事：第一，将约定的红石料改为品质更好的绿豆石，不另外收钱；第二，秘密为修桥捐资，至于捐多少，就无人知晓了。
南桥竣工后，东山公也完成了
他毕生心愿，而这个故事也在
时刻提醒着后人：诚信，是做
人的基本准则，不讲诚信的人
有可能无立足之地。

南桥近景

南桥为单孔半圆形石拱桥，半圆形的桥拱倒映水中，虚实相连，如一
轮明月降落人间。根据拱顶上的铭文记载，"至正九年已丑春江夏南桥——
力鼎"，南桥建造的时间应为元末至正九年（公元1349年），距今已有670
余年的历史。康熙三十六年（公元1697年）曾加以修葺，之后又于1985
年、1987年和1994年进行了3次维修。

此桥全长36.7米，桥面中间宽6.3米，两端宽7.4米，桥拱跨度为6.9
米，桥面距水面高约10米，占地面积约300平方米。桥身方向110度，主
体建筑材料为凿磨规整的红砂石块砌筑，局部有少许的青条石修补，条石
一般长80厘米、宽35厘米、厚15厘米。

桥侧面用大小条石错缝平砌，内拱券全用花岗岩条石砌建，两边的挡
水护坡墙砌成"八"字形，每层条石均采用两横一纵的"丁字形"砌筑方
式，牢固且美观。

桥身中部用黄土及碎石块填实，桥顶用红砂石板铺砌成路面。此桥除
了券顶中部由南向北阴刻有"至正九年已丑春江夏南桥——力鼎"外，桥
西头南面还镶嵌有一块"康熙三十六年"青石碑，字迹多已漫漶。

两岸芳草萋萋，桥下河水荡漾，在这座元代古桥上驻足凝望，不禁想
起元代著名戏曲家马致远的名句："枯藤老树昏鸦，小桥流水人家，古道
西风瘦马。"

南桥航拍图

经历670多年的风雨洗礼，南桥依然古朴宁静、巍峨挺拔，仍然在为一方百姓默默付出，漫长的时间丝毫没有磨掉它的魅力，它如一位慈祥的长者，波澜不惊，气定神闲，坐看人间烟火，四季变换。

南桥保存着祖祖辈辈的美好回忆，它是心灵的地标，是江夏人民的共同记忆和情感纽带。

过去，南桥参与了明清时期车水马龙的繁华；今天，它作为历史文化遗产，将为更多人讲述江夏的动人故事，并和勤劳创新的江夏人一起，迎接更加美好的明天。

《南桥市集复原图》局部

53

南桥市集场景重现

江

夏

非

遗

传统音乐

○ 湖泗吹打
○ 金口灯调
○ 金口栽田歌

湖 泗 吹 打

惠 雯

　　湖泗吹打，也被当地人称为喇叭锣，它源于清朝末年，已经在湖泗响彻了200多年，相比于其他地方的民间吹打乐，湖泗吹打的特色是音色纯净，速度与节奏的处理运用自如，特别强调曲牌的韵味。

　　中华人民共和国成立前，湖泗吹打在鄂南一带颇有名望，周边地区的村镇但凡遇到庙会、祭祀等民间活动，都可听到湖泗吹打的锣鼓、唢呐声。不少人家里操办红白喜事时，都以请得到湖泗吹打班子为荣。

　　祝正志是湖泗吹打的代表性传承人。祝正志红光满面，精神矍铄，当他一拿起唢呐，就沉浸在自己的小世界里。

　　据他回忆，鼎盛时期，湖泗吹打的乐手多达16人，叫以说是远近闻名。时至近年，湖泗吹打日渐式微。

　　祝正志告诉我们，湖泗吹打一般为12人合奏，完整的班子为16人。平时，他们使用的乐器分为吹奏类和打击类。谱曲有别于现代谱曲，只以相近的文字代替，外行人根本看不明白，初学者会感觉比较困难。如1、2、3、4、5、6、7，用五六上工尺，倘任和为代号，由数支古式唢呐、大钹、小钹、京锣、的锣、马锣、鼓板、古式长号、边鼓等众多乐器组成。谱系分为两类：一类是和字调（即A调）；另一类是乙字调（即B调）。老式谱系有大出厂、小出厂、大开门、金榜、付榜、老大朝阳歌、杨老大等，分文派和武派。

湖泗吹打的民间艺人

吹打用的鼓上写有音调

1930年4月14日，祝正志出生在祝祠村。村里每逢红白喜事，特别讲究敲锣打鼓图个热闹，过年那段时间更是一年之中最热闹的日子。吹打班子带着乐器四处"赶场子"，吹的吹，敲的敲，喜气洋洋。在此影响下，他从小就喜欢敲锣。15岁的时候，他开始跟随村里的老艺人祝加训学习湖泗吹打，接触唢呐、锣鼓等多种乐器，经常吹打的曲谱有金榜、付榜。

在师傅祝加训的言传身教下，他刻苦学习，得到了师傅的真传。从2002年开始，祝正志还组建了一支为社会提供有偿服务的吹打乐队，生意一度火爆，从本地一直到江夏城区都有人来邀请。

祝正志认为，唢呐是湖泗吹打最具特色的乐器，这个技艺必须传承下去。这些年来，他把大把的时间和精力放到湖泗吹打的研究上去，用心培养徒弟。

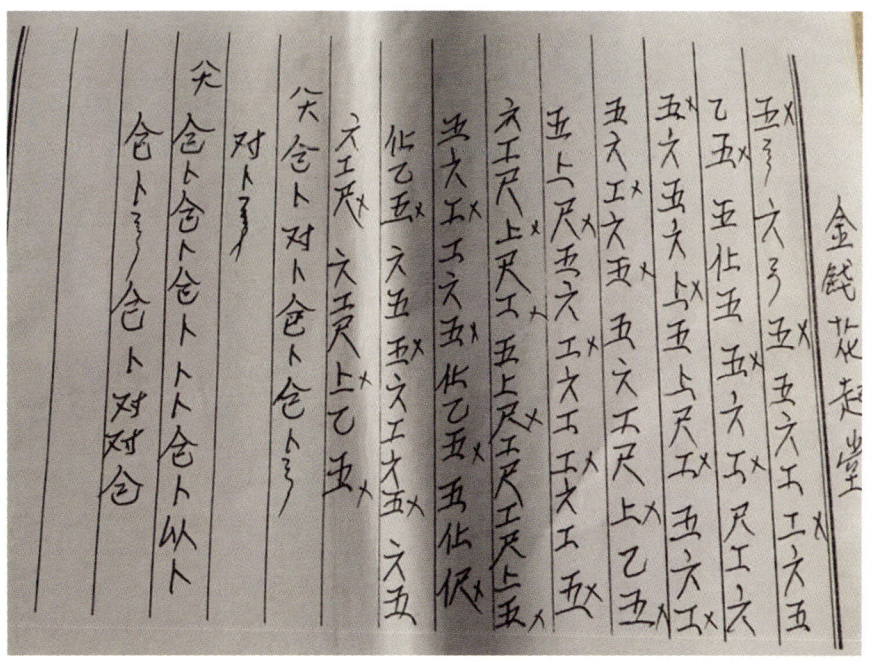

湖泗吹打工尺谱手稿

金 口 灯 调

李 黎

龙在中国人心目中是智慧和力量的化身，它不仅是祥瑞之兽，还有行云布雨的职责。古时，龙还是天子皇权的象征，具有无比崇高的地位。

江夏拥有得天独厚的水资源，江河湖泊星罗棋布，渔农开发历史悠久，但也经常因降水异常和农垦活动造成的水环境恶化问题，频发水旱灾难。金口先民深信，在江河湖海以及池潭泉井等水域里有龙的存在。由于敬畏自然，崇拜神力，当地盛行龙神信仰，龙王庙为金口九庙之一。

每年元宵节，金口都要举行一年一度的"玩龙灯"活动。金口"玩龙灯"的样式分为两种，一种是用绸布扎成的秋龙，另一种是用篾条纸糊而成的站龙。根据龙灯体积的大小不同，民间又将其中粗壮的称为"爹爹龙"，细瘦的则称为"婆婆龙"。

据非遗传承人魏传玉介绍，金口灯调是一种极具地方特色的民间曲艺，一般出现在每年"玩龙灯"期间的"祭龙神"仪式中。每年正月初九，各村选出的代表会聚集在一起，提前商议各个龙灯队伍需要的费用和行进路线，以及"祭龙神"时的具体分工事项。

到了正月十一的黄昏时分，人们会在供桌上摆好香烛和供品，一切准备妥当后，集体行三拜九叩大礼，举行请龙神仪式。此时，四周已是人山人海，场面蔚为壮观。

仪式由龙灯队德高望重的长者主持，其会在烧纸焚香后高喝："龙灯！

龙神！"随后，口念祈求词，祈求龙神保佑人们平安吉祥，五谷丰登。一旁的人们兴奋地点燃鞭炮，锣鼓喧天，火树银花。供奉完毕，龙灯就可以正式亮灯，走街串巷进行表演了。

正月十五那天，元宵龙灯会全部结束后，人们还将举行送龙神仪式。所有的龙灯都统一在这一天出动，上街游行，然后集中在一起烧掉。预示着除旧更新，万物复苏，新一年的农事活动即将来临。

火光映照之下，所有人跪拜祈求来年风调雨顺，日子平平安安。等到龙灯全部化净，众人才恋恋不舍地离去，各自归家。有些求子心切的人家还会把龙嘴里含着的宝珠请回家供奉，恳求龙神慈悲送子。

据传，由于有了龙神的"庇护"，金口很少遭受水旱灾害。村民踏实劳作，安居乐业。经过千百年时间的推移，到了现代社会，"祭龙神"逐渐演变成了一种祈福文化和精神的传承。

金口灯调场景图

金口栽田歌

李 黎

"面朝黄土背朝天"可以说是千百年来中国农人的真实写照，在漫长的历史岁月中，面对日复一日的劳作、艰苦的自然条件，他们没有抱怨，而是选择怀着积极乐观的心态坦然应对。

江夏属于江汉平原向鄂南丘陵的过渡地段，截至2019年，全区耕地面积大约有59966.1公顷，主要种植水稻等粮食作物和油料、蔬菜。和所有民间艺术一样，金口栽田歌植根于生活，呈现出原汁原味的地方人文风貌。传承了数千年的农耕文化，孕育出农人春耕边插秧边对歌的习俗。栽

春耕

田歌在金口有着广泛的生存土壤和顽强的生命力，经过口耳相传，一直传唱至今。不过遗憾的是，当地史料中有关栽田歌的资料并不多见，至于流传的年代更是无法考证。

相传元末明初，在"江西填湖广"的人口大迁徙中，不少江西人举家沿水路溯长江而上，聚居于江夏金口等地。先民们在这块土地上繁衍生息，辛勤劳作，他们"日出而作，日落而息"，触景生情，有感而发，尽情抒发着自己的心声和对丰收的期盼。因此，有人推测，正是江西移民带来的"栽秧号子"与金口本土歌谣相结合，逐渐形成了栽田歌的雏形。

每年春分过后，就是农民忙于春耕的季节。水稻栽秧是金口农家的一件大事，因为它关系着一年的收成。现在，在秧田撒下稻种之后，农民会搭棚让稻苗在适宜的温度里成长。等秧苗长高到七八公分时，会再抓住有利天气，争分夺秒地移栽稻秧。

此时的水稻田里，呈现出一派忙碌的景象，田里、埂上，人来车往，一个个累得汗流浃背，身后则留下一片片新绿。兴起时，有人会大声唱起栽田歌，哪怕调子荒腔走板，但身边依然围满了热切的听众。

从非遗传承人魏成玉的讲述中可知，人们唱栽田歌的主要目的是消除疲劳、调节心情、互相鼓劲，从而带来欢乐的劳动乐趣。它的演唱形式无拘无束，不需要器乐伴奏，非常随意，有时候，站在田垄上见景生情，随意编几句，张口就能唱起来。

最美劳动者

金口栽田歌的曲调明快

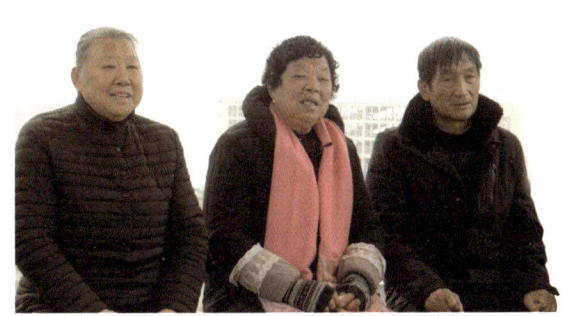
金口居民回味栽田歌

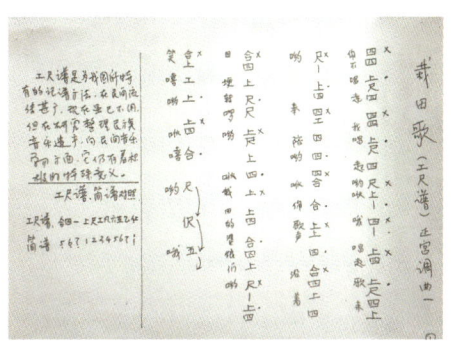
金口街文化站整理的栽田歌工尺谱

朴实，为无伴奏清唱，调式以徵、商、羽为主，也有少量的宫调式，带有山歌和小调的体裁特征。从演唱形式上看，有合唱、独唱，也有对歌。歌词多为五言、七言长短句，词句大胆泼辣，直抒胸臆。基本内容或以劳动生活、江夏历史人物为题材，或是祈求风调雨顺，渴望五谷丰登，其中也会穿插一些男女打情骂俏以及对熟人进行调侃和戏谑的"段子"。

20世纪六七十年代，在村与村，队与队之间，还经常举行劳动竞赛，田野里红旗招展，高昂热烈的歌声此起彼伏，场面蔚为壮观。经常这一边刚唱出上句，那一边就应声接了下句，现场的劳动气氛一活跃，劳作速度也明显加快。

随着工业化和机械化的成熟，以及流行音乐文化的普及，金口栽田歌这种在劳作过程中产生的特殊的情感表达方式在人们生活中逐渐消失。金口栽田歌在民间流传的唱本很多，经过金口文化站数十年的挖掘，目前收集整理并谱曲的已有几十首。

传统音乐

江

夏

非

遗

传统舞蹈

○ 采莲船

○ 金口草把龙

采 莲 船

惠 雯

采莲船是中国民间的传统"社火"表演形式之一，北方又称之为"跑旱船"。据《太平广记》记载，采莲船早在唐代就已经盛行。

武汉市江夏区水域众多，历来是鱼米之乡，自古就有"江夏熟，荆楚足"之说。明清时期，江夏一带庙会盛行。每年农历正月十五，当地人称为"灯节"，家家户户吃元宵，村民自发组织的巡游队伍身着盛装，敲锣打鼓，场面十分壮观。采莲船和草把龙、蚌蚌精、高跷等齐齐亮相，为千家万户送去祝福。

江夏采莲船生动模仿了采莲人撑船采莲、闹荷塘的欢乐情景，是人们喜闻乐见的一种民间歌舞。它深受大家喜爱的原因，不仅是诙谐幽默、欢乐喜庆，还承载了一个美丽的神话传说。

从前，江夏经常发大水，洪水肆虐冲垮了桥梁，行人多有不便。于是，观音菩萨化身为一个采莲姑娘，正月初一那天上午，她让艄公和艄婆把船撑到河心，用自编的采莲小曲唱起拜年歌。一时间，岸边挤满了看热闹的人群，现场掌声不停、喝彩连连。有人大声喊："姑娘，再唱一段吧！"采莲姑娘回答："哪个能够用钱砸中我，我就唱一段。"于是，有钱人纷纷向采莲姑娘投掷钱财，但怎么也砸不中她，没过多久，船舱就装满了金银。到了元宵节那天，观音菩萨终于募足修桥资金，解决了江夏人出行的燃眉之急。后人为了感念观音娘娘的恩德，每年春节，家家户户都会

表演前的准备工作

放鞭迎接采莲船的队伍。

"采莲船，两头翘，吹吹打打真热闹。采莲船，两头尖，多谢老板的茶和烟。"在江夏，采莲船的制作别具一格。一只采莲船需要用60多根宽窄不一的篾条加上竹竿才能绑扎成型，船头船尾各托起一盘莲花，船身用各种颜色的绸布或彩纸裱糊，饰以流苏，上面是加有大红绣球的宝塔顶，极富乡土生活气息。

在江夏区金口街道，采莲船非遗代表性传承人朱汉生是颇有名望的"船老大"。

年逾八旬的朱汉生精神抖擞，思维敏捷。年轻的时候，朱汉生当过篾匠，学过汉剧，练出一身好手艺。1963年，朱汉生成立了金口手工业宣传队，利用业余时间到各地演出。从2007年4月开始，朱汉生又组建了一支凤凰文艺队来排练民俗舞蹈，采莲船项目被纳入武汉市非物质文化遗产名录。2015年，朱汉生在区有关部门的大力支持下，正式成立了"武汉非遗民俗表演艺术团"。如今，他不仅带领队员活跃在舞台上，还亲自选竹、劈篾，用细铁丝捆扎制作船体，再精心糊上彩绸或者彩纸。

表演者兴高采烈

梢公与仙姑

在材料的选择上，朱汉生会选用粗细均匀、韧性好的青龙山青竹，坐在木凳上屏气凝神，用篾刀将其一层层劈成篾条。篾条有厚薄之分，一般人只能辟出4层，朱汉生最多的时候可以辟12层，篾条又薄又细。

朱汉生介绍，江夏人拜年喜欢说吉利话，讲究"遇事要有八，要八就不离发"。因此，江夏采莲船的长度一般为2.08米，船舱围挡的宽度是44厘米，一是取事事如意的喜庆之意，其次是寓意"四世同堂、四季发财"。

以前江夏划采莲船的人都是男性，现在则没有这些禁忌，无论男女都可以上场表演。表演时，队形灵活多变，常用队形有跑圆场、跑单风、跑双风等。身段步伐主要有"作荡船状"等。

在"跑船"的过程中，"仙姑"的表演尤为重要。轻盈欢快的舞步，让彩船仿佛穿行于湍急的波浪之中，上下起伏，穿梭迂回。艄公主要负责协调采莲船的整体动作，在颠簸中，与"仙姑"一问一答，一唱一和，招人喜爱。在一旁插科打诨的艄婆则以拿腔拿调的表演让人忍俊不禁，不知不觉中就把表演推向了高潮。

采莲船的音调是湖北民间小曲，为三三四句式，唱词由表演者临场即兴发挥自编，内容多为恭喜发财、五谷丰登、健康长寿、家庭和睦、心想事成等吉利话。按朱汉生的话说就是："走到哪家唱哪家，遇见啥人夸啥人。"

在震天动地的锣鼓声中，采莲船的队伍走街串巷，边舞边唱，看热闹的人越聚越多。采莲船行至每一家的大门前，主人都会点燃鞭炮迎接。伴随着锣鼓声，"仙姑"打扮的人站在船内，手握着船舷左右晃动。一个艄公手持竹篙撑船在前，一个艄婆手持破芭扇摇摆在后，随船而行，艄公负责领唱，艄婆带动气氛，滑稽风趣，逗得主人一家开怀大笑，喜滋滋地拿出红包答谢他们。

非遗文化表演深入群众之中

生动形象的表演

金口草把龙

惠　雯　　余　青

在江夏金口古镇，流传着一首民谣："草把子灯，年年有，玩灯的小伙不怕丑……"

每逢春节、元宵和二月二龙抬头等传统节日，出现在江夏金口街头巷尾的草把龙表演就格外引人注目，在激越的锣鼓声中，稻草扎成的长龙翻腾而出，它时而上下盘旋、时而摇头摆尾，不时赢得现场观众的喝彩声。

草把龙是用稻草扎制的一种龙灯的简称，形貌基本与布龙相似，也有龙头、龙身和龙尾。扎制草把龙，龙身除了用稻草外，还有竹篾、青藤、

舞龙现场

草把龙制作

龙头

柳枝、木头和麻绳等材料。江夏草把龙表演的恢复离不开传承人朱汉生的执着坚守。"一个人，一辈子，一件事。"数十年来，他不遗余力地培养文艺活动爱好者，每年表演用的道具，也都是他带领团队手工制作。

朱汉生是江夏金口后湾街人，从年轻时就醉心于文艺演出，喜欢民间传统文化。1957年冬天，年仅16岁的朱汉生在金口篾业社学篾匠手艺。在此期间，他一直跟随金口鼎鼎有名的汉剧大师胡宝山先生学艺。

1963年，当地成立金口手工业宣传队后，朱汉生一边工作，一边利用业余时间到各联社演出。后来，朱汉生改行到了金口印刷厂，直至退休。退休后，朱汉生受到金口街文化站站长邀请，来文化站编排文艺节目，致力于江夏民俗文化的保护和传承。

江夏区位于武汉市南部，北与洪山区相连，南与咸宁市咸安区、嘉鱼县接壤，东临鄂州市梁子湖区、华容区，以及黄石市大冶市，西与蔡甸

舞龙动作变化多样

区、汉南区隔江相望，水稻是当地种植最广泛的农作物。

　　草把龙产生于人们劳作和生活中，因采用稻草扎制而得名，形成历史久远。据董仲舒《春秋繁露》记载，楚地最早舞草把龙见于汉代，盛行于唐，历代相沿承袭。江夏因水而兴，因水而名，境内水域宽广、湖汊纵横，有关龙文化的传说很多。

　　父母给予朱汉生的是生命，而金口这片土地则赋予了他灵魂。这里的每一条街道都留有他的足迹，古镇的繁华和落寞也同样牵动着他的心。

　　朱汉生回忆，江夏民间流传有"七八岁玩草龙""十五六岁耍小龙""青壮年舞大龙"的说法。所以草龙多为青少年在春节元宵期间玩耍的项目。

　　"我们金口老街就在长江边上，商贸往来发达，做生意、跑码头的人

在舞龙前需要请龙神保佑

江滩龙灯大赛

代表性传承人朱汉生

蛮多，服装店、杂货店、小餐馆一应俱全。我小时候步行几分钟就能走到街上最繁华的地段，每年过元宵节的时候，街上做生意的人就喜欢玩草把龙，图个好彩头。玩草把龙的队伍一走过来，街上的小伢就会跟在队伍后面看热闹。"朱汉生回忆起童年的记忆，很是感叹。

提起民谣"草把子灯"的由来，朱汉生也如数家珍。他说，以前金口河南岸住的都是穷苦人，田地多半靠近江边，一旦遇到江湖涨水，就会收成难保。有一年喜获丰收后，南岸的穷人就地取材，用稻草制成龙灯进行庆祝。因此，富人就嘲笑穷人"草把灯，年年有，玩灯的小伙不怕丑""河南岸的灯，恶不恶，破鼓破锣打下河。"而穷人们则回道："我们不为钱吃喝，专为百姓来取乐！"

作为金口传统非遗技艺，草把龙制作技艺逐渐失传。为了重启这段尘封的历史，朱汉生想重现草把龙技艺。

退休后，朱汉生终于制作出他心目中的草把龙。由于常年劈竹篾、扎道具，朱汉生的双手被划伤了无数次，双手布满了伤痕。

凭着记忆，他心无旁骛、潜心钻研，在自家小院试扎草把龙，经历了几个月的反复试验，终于复原了他心中的草把龙。

扎制草把龙是个技艺活，以前主要采用稻草、竹子以及木头和麻绳制成。目前，通过朱汉生的改良，江夏草把龙的规格和原材料都有了一些变化。外形上，从头到尾有九大节，每大节重约七八斤，其中又有六个小节，里面全部以钢丝编织的套圈连贯起来，可伸缩自如。外面用稻草编织包裹起来，打开就是六节龙身，九大节连在一起就是一条威风凛凛的长龙；原材料上，主要选择来自浙江的稻草和江夏青龙山的毛竹和钢丝。古老而传统的草把龙表演在他手中焕发了新的生命。

为了将草把龙更好地融入群众，把传统艺术更好地融入现代表演，朱汉生还与金口街文化站一起对草把龙进行了创新和改进。配上《金蛇狂舞》的乐曲，随着一声"丰收啰"响起，14名舞龙队员扛着14节草把从大厅两侧快步走到场地中央，手持草垛变换队形，接着8个舞蹈演员出场，随后队员们悄然藏身到舞蹈演员身后，将龙头、龙尾连接草把间的铁环相扣。当锣鼓声再次响起，草把与龙头龙尾相连，组成两条栩栩如生的草龙，随着音乐上下翻腾。

在舞草把龙的过程中，龙头起着决定性的作用，其次是龙尾。队员只有经过长时间的训练才能配合默契、齐心协力。每一个人手持一个节，保持平衡才能掌握好步伐的整体性、灵活性。舞动的时候，动作圆滑流畅，轻盈灵活；舞步刚柔相济，虚实结合，充分体现出龙的灵气与美感。

2018年、2019年改编后的草把龙表演连续两年获得武汉市舞龙大赛金奖，2019年10月18日更是作为军运会开幕式暖场节目登上了世界舞台。

江夏草把龙反映了劳动人民对美好生活的向往，它是长江中下游楚人龙文化的产物，也是江汉平原悠久稻作文明的印记，具有显著的楚文化遗存的祭祀性特征和民间舞蹈特点，具有民俗研究价值和传承实用价值。

江

夏

非

遗

传统美术

指 画 艺 术

海 冰

湖北省非物质文化遗产手指画传承基地面积近400平方米，是虞小风在江夏自费自建的工作室。进入基地大门，映入眼帘的便是一幅巨大的《搏浪图》：一只苍鹰搏斗海浪。这幅《搏浪图》长13米、宽2.5米，为目前全世界最大的手指画。

院内枇杷满树，竹林幽静，可谓一处一景；室内古琴余音缭绕，随处是指画墨香。

代表性传承人虞小风工作照

指画非遗传承人虞小风留着长发，蓄着胡须。虞小风1949年生于福建龙岩，祖籍浙江宁波，2000年客居武汉市江夏区，创建了"江夏画派中国画研究院"。在其努力下，中国指画得到保护、传承、发展。虽然年过七旬，虞小风仍是一副艺术家随性不羁的模样。他关起门来潜心创作，俨然过着世外桃源般的生活。

但为了指墨艺术的传承、发展，自2000年起，他在创作之余，先后自驾跑了100多座城市，行程20多万公里，每到一处，就会办画展、搞讲座、现场表演。

祖孙三代传承百年

指画，又称指头画、手指画、指墨画等，是中国传统绘画中的一种特殊的画法，指以手代笔，蘸墨作画，艺术风格偏粗犷、古拙。普遍认为，指画起于唐代张璪，继于明代吴伟，成于清代高其佩。到了现代，作画者寥寥无几，能构成影响的仅有潘天寿、钱松嵒、虞一风等几人。

虞一风正是虞小风的父亲，其一生为指画艺术殚精竭虑，奔走呼号，布道传艺。1986年谢世时，虞一风是倒在画案前的，指下一株白梅还未及点蕊。

虞一风，别名四明一风，于1983年在江西萍乡创立"中国手指画研究

指画作品《搏浪图》

会"，将指画的个人行为提升到一个画种的群体行为；他编写的《中国手指画技法》，填补了中国指画空白。

"父亲给我起名虞小风，从小就有意让我接过他的衣钵。"虞小风说。他8岁起随父亲辗转各地，父亲忙起来，就将他关在屋里，找来动物花鸟图谱和复写纸，让他用绘图笔描绘，这是他绘画生涯的开始。

后来大一些，虞小风跟着父亲学指画。初学时，手指总是不听使唤。"你想画粗，它画出来是细，你想画细，它画出来是粗。"虞小风说，"最可气的是，想画老鹰，可怎么画都像母鸡。"虞小风更加刻苦地学艺，日积月累，他慢慢体会了指画之神韵，作画也越来越得心应手。

"父亲是我的启蒙老师，也是我的精神向导，他夙愿未了，带着遗憾走完了悲壮的一生。这时刻提醒着我，要在指画艺术上勇攀高峰，把指画艺术发扬光大。"站在他为父亲修建的雕塑前，虞小风感慨万千。

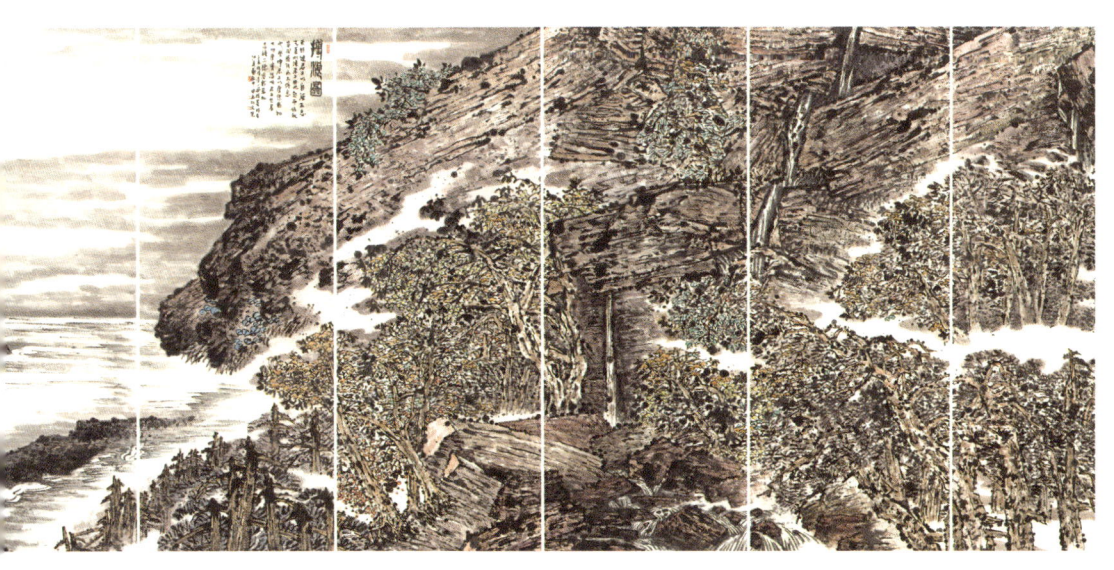

90

指画作品《清气》

妙"指"生花

"前十年画鹰，中十年画荷，再十年我要画山水"，只见虞小风画的雄鹰搏击长空、逆风奋飞，浑厚古朴、大气磅礴；他画的秋荷，挂着莲蓬，以顽强的生命力傲立苍穹，向往着"春风"。"鹰代表着入世的拼搏精神，荷代表着出世的淡泊情怀。"虞小风说，从花甲之年起，他开始画智者和仁者爱的山水，准备再画个十年。

虞小风的作品既有尺幅微品，也有鸿篇巨制，最大的《乾坤祥瑞图》达33平方米。2008年天气严寒，在创作百米长卷《松鹰图》时，虞小风天天把手指浸泡在墨水中，以至于五指开裂，每一笔下去都要咬牙忍受痛苦。

指画作品《夕阳山外山》

指画技法展示

    参观完指画馆，虞小风提笔演示指画，只见他用手掌侧面蘸墨，不到5秒钟，一幅山水小品指画就画好了，瀑布、树木、山涧、飞鸟栩栩如生。

    虞小风称，指画与笔画相比，用指头、指尖、指背甚至掌纹作画，线条与笔画有明显不同。其最大的特点是"甲肉半间"，即指画蘸墨画时会产生"双勾"效果，指甲和肉之间的空处会留白。指头点染则会产生半实半虚的罗纹。"我总结指画的魅力在于，残缺古拙的金刚之石，力透纸背的阳刚之气，直抒胸臆的率真之美。"

    为了传播指画艺术，虞小风本人持续推动中国手指画研究会的发展，使得这一文化遗产得到有效挖掘和整理，进而被列入湖北省非遗名录，他也成为代表性传承人。其子虞旻子毕业于湖北美术学院，进行系统学习并得父所长，创作的指画山水意境深远，线条灵活多变。

指画作品《误入藕花深处》

剪 纸 艺 术

李盈好

　　一张纸、一把刻刀，在八旬老人罗继武灵巧的手中，经过雕镂、剔、挑等技法后，变幻出神奇的大千世界。

　　雕花剪纸，是流行于湖北孝感、鄂州、仙桃等地的一种传统民间装饰工艺品，是数千年来劳动人民创造积累而成的智慧结晶和宝贵遗产。作为一种镂空艺术，它能给人视觉上以透空的感觉和艺术享受。每逢过节或新婚喜庆，人们便将美丽鲜艳的剪纸贴在家中窗户、墙壁、门和灯笼上，节日的气氛也因此被烘托得格外热烈。

　　剪纸艺术传承人罗继武，1942年11月20日生于湖南永州，籍贯邓州，是一位人生阅历非常丰富的八旬老人。用他自己的话说，就是上过山，下过海，挖过煤……

　　罗继武自幼痴迷于书画，曾任武钢画院创作员、武钢老年大学书画教师、武钢矿山系统书画

代表性传承人罗继武为农历虎年创作的《福虎图》

协会副会长兼秘书长等职。罗继武从小痴迷绘画，不仅擅长国画，版画、油画和漫画也无所不通。从20世纪70年代初至今，罗继武参加过上百次全国及省市、武钢等展出活动并获大奖；多次受到新闻媒体的广泛关注与专题报道；多次举办个展和联展，其作品及学术论文屡见报端，被国内外展馆及友人收藏。

罗继武爱好剪纸已有30多年，以前每逢上班放假，他经常和老伴一起在家里对坐剪纸。他把荆楚地域风情融于剪纸，不仅用剪纸讲述中国传统文化，还巧妙地把现代元素融于剪纸之中。数十年来，他埋首把纸放在蜡盘上用刻刀精雕细刻，不断学习创新。

罗继武介绍说，自古以来，剪纸就有"北剪南雕"之说，与以粗犷朴素见长的北派相比较而言，南派剪纸显得更细腻写实，表现的细节很多。剪纸的纹样大致可以分为：人物、鸟兽、文字、器用、鳞介、花木、果菜、昆虫、山水等。

经过多年的刻苦钻研，以及向民间艺人虚心求教，罗继武在继承传统的基础上加以创新，练就了一手力透纸背的绝活，最多的时候，他一刀下

剪纸作品《龙腾军运》

去，能刻出120张红纸。

罗继武剪纸题材广泛，其特点是以画为稿，师古不泥，源于生活而高于生活。细可如春蚕吐丝，粗可如大笔挥墨。既可粘贴摆衬，亦可悬空吊挂。多层套色剪纸更是罗继武在剪纸艺术上进行的大胆探索和尝试，它突破了传统剪纸一直以来的单色化、平面化造型的特点，显得富于变化和立体感。

谈及自己创作的初衷，罗继武说："以前，我的作品多以工业题材为主，退休后我一直住在江夏，我希望能用剪纸这种喜闻乐见的形式展现江夏地域特色，为弘扬传统民间艺术出一份力。"

罗继武的作品剪法细腻，生动传神，独具创作力和想象力，深受大家喜爱。2013年，为参加湖北省首届"龙飞凤舞"剪纸艺术作品展，他用了半个月时间创作出剪纸作品《中华颂》，作品长5米、宽1.1米，获得了最佳作品奖，现在该剪纸作品被西藏乃东县档案馆收藏。2019年，他呕心沥血，精益求精，历时3个月时间完成了一幅宽1米、长7米的剪纸作品《龙腾军运图》，为第七届世界军人运动会加油助威。这幅作品中的武汉元素

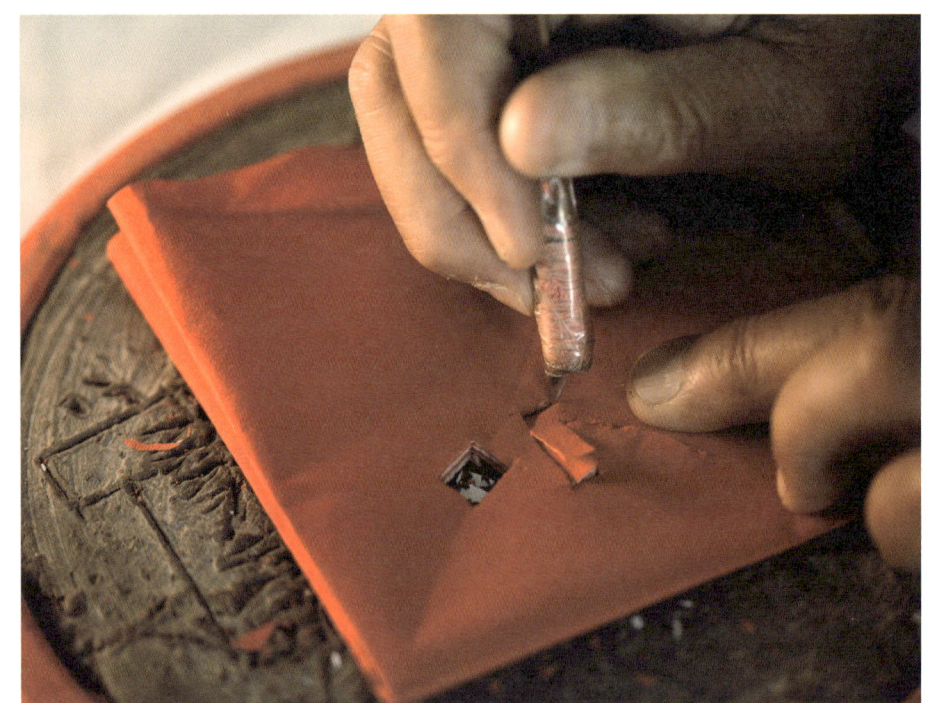

力透纸背的绝活

在灯下刻制剪纸的愉悦时光

和军运元素十分鲜明，其正中上为黄鹤楼，下为中山舰，左右两侧各有一条神采奕奕的巨龙和一只威武健壮的雄狮，中间穿插军运会多个比赛项目运动员的优美身姿。虎年到来之际，出现在他刻刀下的小老虎栩栩如生，虎气冲天，饱含着美好的祝愿和寓意。

"一花独放不是春，万紫千红春满园。"多年来，罗继武致力于剪纸艺术的传承和推广，现为中华人民共和国文化和旅游部中华文化促进会剪纸艺术委员会常务理事、湖北省文促会剪艺会副主任、武汉市剪纸学会副会长、武汉市江夏区工艺美术协会副主席、剪纸协会会长、湖北省书画研究会会员、湖北省美术家协会会员、湖北省作家协会诗社会员、中国版画家协会会员、中国手指画研究会首届理事、原中国剪纸学会首届会员等。

时至今日，罗继武始终保持着对美的执着与追求，以及乐观豁达的心态，不断归纳总结，以寻求新的起点。罗继武认为，"学习剪纸艺术需要耐心和毅力，经过日积月累的练习才能够熟能生巧。但只要拥有足够的热爱，艺术就有了延续。"他历来崇尚爱国主义诗人屈原的名言："路漫漫其修远兮，吾将上下而求索。"

玉器雕刻技艺

惠 雯

玉文化是荆楚文化中不可或缺的一部分，早在新石器时代，长江中游地区的手工业就达到了很高水平，形成了极具特色的琢玉工艺。 石家河遗址，位于湖北省天门市石家河镇北，曾被评为"2016中国六大考古新发现"之一。在石家河遗址出土的史前玉器中，"华夏第一凤""中国第一龙"、玉蝉等玉器，类型丰富，造型别致，纹饰简洁。它们不仅承载了丰厚的历史文化内涵，也代表了长江中游地区史前玉雕的最高水平，让人为之深深着迷。

精美玉雕

张军桥是"陶记琢玉坊"第五代传人，武汉江夏收藏协会的副秘书长。十多年前，他正是被玉器带来的视觉冲击力打动，决心改行跟随舅舅陶维胜潜心学艺。如今，张军桥的作品造型优美、做工细腻，雕刻的物件神情意态生动传神、栩栩如生，深受国内外收藏家的喜爱。2019年，张军桥的玉器雕刻技艺被列入江夏区第二批区级非物质文化遗产目录。

机缘巧合"闯"入行

我们来到张军桥位于纸坊的"金玉良缘"工作室，只见一件件造型精致典雅的玉雕作品陈列于展柜中，这些都是他近年来的得意之作。

据介绍，陶氏玉雕的技法、刀法传承至今已有100余年历史。多以人物件、花鸟件、动物件、器皿雕刻为主，其中，人物类多取材宗教、神话、历史故事，力求造型唯美、图案新颖、活灵活现、逼真传神，讲究"玉必有工，工必有意，意必吉祥"。同时，通过不断学习和探索，在设计和工艺上进行创新。"但是，创新也不等于完全抛弃传统。祖辈一代代留下来的技法，是经得起时间检验的。"

张军桥生长于江夏区纸坊街，学习玉雕纯粹是机缘巧合。

明末清初，缅甸翡翠经云南传入中国，深受皇家贵族、达官富商的喜爱。清代末年，曾祖父陶懋清当了十几年的学徒后选择另立门户，在武昌古楼洞开了一家作坊，全家以琢玉为生，作坊名为"陶记琢玉坊"，由于手艺好而生意兴隆。

1959年到1961年，中国正值三年自然灾害，带来粮食短缺，陶氏家族举家迁到农村，开垦荒地维持生计。改革开放后，陶氏家族重操祖传的琢玉手艺，改名为"金玉族玉雕坊"。张军桥的舅舅陶维胜是"陶记琢玉坊"第四代传人，虽然天天耳濡目染，但张军桥并没有立刻爱上玉雕，也从未想过有一天会和舅舅成为同行。

2003年，受到SARS疫情的影响，张军桥的餐饮生意一落千丈，无奈之下，只得南下打工，投靠舅舅陶维胜。当时，陶维胜正在广州一家玉雕

代表性传承人张军桥构思玉雕设计

厂做工艺师。琳琅满目的玉雕作品让张军桥看得目不暇接，"我当时被震撼了，没想到地球上居然有长得那么好看的石头。它们在老师傅的手底下，好像'活了'一样！"于是，张军桥毅然决定学习玉雕技艺。

在舅舅的悉心传授下，张军桥潜心学习，玉雕技艺突飞猛进。从事玉雕既是体力活，更是脑力活。在当学徒之前，张军桥根本没有学过绘画，为了将画稿完美地呈现在玉石原料上，他不仅有针对性地去训练刀工，更下力气恶补了中国画技法。

三年学徒期满，他回到武汉创立了自己的工作室。张军桥的作品博采南北之长，雕刻精细入微。近年来，其作品多次在各种展会上展出并走出国门，为众多藏家所喜爱，不少人因此慕名而来。

赋予玉石新的"生命"

　　十余年来，张军桥从未停止对玉雕技艺的钻研，无论是高端件还是小件，他对每件作品都细心琢磨、量料赋形，在完成过程中大胆运用多种技法，将意境融于玉料之中，浑然一体。

　　张军桥告诉我们，"玉不琢，不成器"。自古以来，玉雕讲究慢工出细活，在设计和制作作品的过程中，要"量料取材""因材施艺"，赋予每一块玉石新的生命。当今盛产高档翡翠原石的老矿区已接近枯竭，加上开采成本高，价格也是一路水涨船高，因此对雕刻技艺也有了更高的要求。

　　玉文化积淀传承数千年，中国人产生了对玉独特的审美，而玉料材质

玉雕原石材料

与技艺精细程度决定了玉雕作品的高下。据张军桥介绍，玉石有大有小，形状各异，从原石到成品的制作流程可以说是相当繁琐。做玉雕一般分为六大步骤，分别是相料、问料、选题、设计画活、制作以及抛光。既要保留玉石的天然色彩，突出纹路，又要巧妙避开瑕疵，变废为宝。因此，每一次创作都必须倾注真情实感，精雕细刻，尽量做到尽善尽美。

玉雕细节

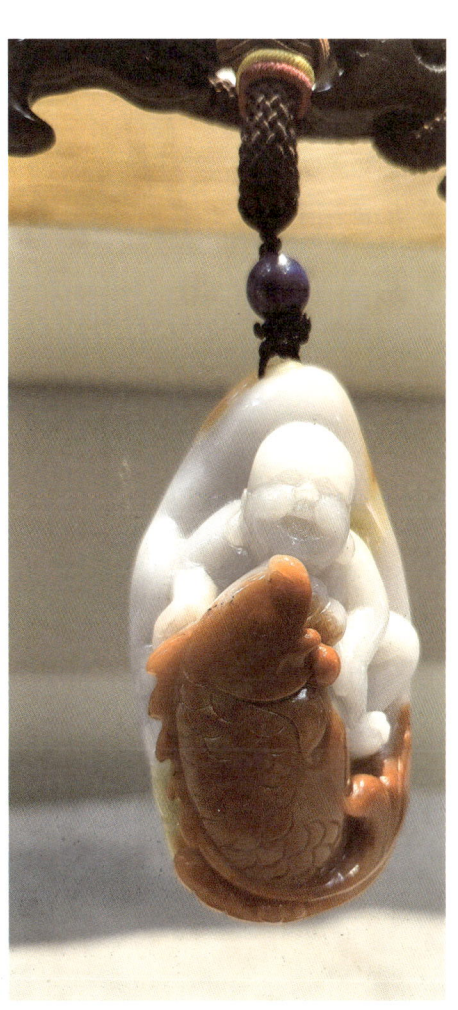

玉雕造型生动形象

传统美术

做一个耐得住寂寞的人

张军桥坦言，非遗传承人的成长历程，就是一个耐得住寂寞，才能厚积薄发获得成功的过程。

这些年来，张军桥凭借自己扎实的好手艺，一砖一瓦，白手起家，在市场站稳了脚跟。但他始终坚守着对于艺术的追求，更注重与客户之间的互动性，以寻求人与玉件之间的平衡点。一直到现在，他都是白天忙着守店接待客户，晚上才能坐下来画稿和雕刻。但无论外面的世界多么喧嚣，拿起雕刻刀的那一刻，他的心永远是安静的。

"一笔一画"精雕细琢

张军桥心里始终有一个梦想：创办一个私人玉雕博物馆，以弘扬中国玉文化为宗旨，既有展示又有体验，参观者可以零距离接触及体验玉雕乐趣。

谈到玉雕行业的发展前景，张军桥也颇有心得。他认为，市场年轻化时代已经来临。现在的年轻人更注重"轻奢"，他们愿意为个性化定制多付钱、多花时间。最近，他推出的男士玉石皮带头有着很强的装饰性，加上色彩和纹路都是独一无二的，很受市场追捧。与此同时，他还坚持在网上开直播讲座进行玉石文化的普及。

提到技艺的传承，他脸上露出了宽慰的神情。"玉雕这门手艺需要一定悟性，加上学习时间长，见效又慢，现在很多年轻人不想干这一行。好在我儿子在学美术，也渐渐有了一点兴趣。"

烙 画 艺 术

李盈好

烙画艺术,又称烫画、火笔画,是一种有特色的传统工艺美术品。烙画具有悠久的历史和独特的艺术风格。相传起于汉代,后因为战乱一度失传,一直到明清时期才再次兴起。

出生于1950年的画家史应淼今年72岁,是江夏豹澥人,他曾进修于湖北美术学院,师从全国八大花鸟画家之一、国画大师汤文选先生,现为中国美术家协会会员、中国工艺美术大师。他不仅擅长中国山水画,而且作为史家烙画的第三代传人,他已经坚持创作了四十多年。

代表性传承人史应淼以烙铁为笔进行创作

在史应淼的记忆中,父亲一直继承着祖辈传承下来的木匠活儿,因为手艺好,常年吸引着十里八乡的乡亲慕名而来,干活的档期经常排得满满的。史应淼的父亲特别擅长在木家具上用炭火烧红铁丝后作为烙笔进行创作,画面大多是山水、花鸟、人物等,这些传统的吉祥纹样生动有趣,十分惹人喜爱。

长年累月的耳濡目染,让史应淼也爱上这门手艺,开始尝试探索木与

烙画作品《纳西人家》

火的"对话"。20世纪70年代，他经常起早摸黑地跟随父亲出门干活，经过了无数次的操练，终于能够得心应手。

史应森介绍说，随着时代的发展，以前父辈手中单一的手工烙笔已经演变为铁制电烙笔。大、中、小不同型号的电烙笔，可以随意调温，这不仅提高了烙画工艺的表现力，创作的方式也比以前更为简单省事。

走进史应森的工作室，在20平方米大小的空间里，摆满了各种尺寸和图案的烙画作品。史应森正坐在一盏台灯下，手握电烙笔，端详着一幅还没有完成的作品。经过构思，随着笔尖的来回移动，木板上燃起一缕缕青烟，作品呈现出丰富的层次感。木板内在的纹理、树节、刺纹等千变万化，根据不同的题材，史应森会分别选择榉木、椴木以及柳木等板材为原料进行创作，巧妙利用天然木材的自然美。

俗话说，"人生七十古来稀。"本是颐养天年的时候，然而史应森仍然坚持创作，没有停下来的意思。在他看来，任何娴熟的技艺都需要"拳不离手，曲不离口"的坚持，这才算得上是真正的热爱。

烙画创作并不是一件容易的事，必须静下心来，一步步、慢工出细活。"动笔之前，先要构思谋篇，再用铅笔在木板上起初稿，一般来说，简单点的作品至少需要一两天，复杂一些的作品需要数周甚至更久。"史应森称，为了创作烙画版《清明上河图》，他足足花费了半年多的时间。

史应森十分注重"意在笔先，落笔成形"。他认为，"墨有五色，烙痕同样分为五彩，运笔快则淡，运笔慢则深。"烙画的过程中，史应森以烙

四大名楼

传统美术

烙画作品《丽江古城》

铁为笔、火焰为墨、木板为纸，不断调节烙笔头的温度，全神贯注地控制着运笔的速度，起稿、走线、晕染……让色彩浓淡相宜，才能呈现出深褐、浅褐和黑色的色调和层次，而火候的大小全凭目测和经验来把握。有时候，还会用到喷枪进行局部补色。

"如今，我身体不如从前了，但好在后继有人，我才能把所有的精力都放在创作上。"史应森口中所指的后继有人，是他的小儿子史建文，烙画艺术的第四代传承人。史应森认为，烙画技艺和其他民间文化一样都是民族的符号和基因，他有义务将这项传统技艺发扬光大并传承下去。前几年，他经常带着儿子一起深入云南等地写生采风，了解当地的民俗风情和历史文化，进行生活积累，乡间、雪山、草垛等生活景象都是他们创作的灵感源泉。

"我们的作品一定要有自己的风格，不能同质化。"这些年来，史应森潜心专注于创新烙画技法，使之不仅有中国画的勾勒、皴、擦、点、染等手法，将中国画的意境美体现得淋漓尽致，还结合了西洋画的写实特点，具有较强的立体感，不仅可以表现出水墨国画的特色，还可以呈现出素描、油画甚至摄影作品的特点。譬如，《纳西人家》等作品的色彩、纹理酷似风光摄影照片。《中国四大名楼》等作品则画面清幽疏旷，线条细腻流畅，动与静、虚与实、远与近在画面上实现了内在和谐，既保持了民间艺术的表现手法，又具有时代感，可以产生更强烈的艺术感染力。

汉派木刻技艺

李 黎

代表性传承人朱明介绍木刻作品《武汉八景》的创作思路

一门三代皆擅木刻

汉派木刻非遗传承人朱明的工作室店面并不大，但是内有乾坤。推开大门，一股木头特有的清香扑鼻而来。朱明戴着一副老花镜，鬓发胡须半白，他正手持刻刀，伏在桌案上，手法利落地在木头上进行雕刻。随着手臂、手腕的起落，一道道流畅的线条就留在了木头上。

朱明工作室里摆放的作品其实并不算多，因为很多作品都是由客户提

朱明介绍木刻作品《财神》

前预订，做好就直接拿走了。工作室左墙悬挂着一幅栩栩如生的巨幅黑白木刻作品《门神》，这是他的得意之作，同时也是镇店之宝。据朱明介绍，它长2.5米、宽1.6米，由于雕刻工艺复杂，2018年3月画稿起样之后，陆续花费了一年时间才完成。

出生于1964年的朱明，在一个艺术氛围浓郁的家庭里长大。"我爷爷朱人鹤，是湖南话剧舞台美术的先驱，曾领导组织了多个进步剧社，承担舞台美术设计的工作。后来，他从长沙辗转来到武汉定居，曾应邀参与武汉长江大桥栏杆浮雕的设计。其中《枫与猫头鹰》《一行白鹭》，以及《龟、蛇、黄鹂、桂花》就是他的作品。"朱明说，部分设计草图至今还留存在他手中，"可以说是我们家的传家宝了。"

朱明的父亲朱肖丹继承了父亲的衣钵，任湖北省歌剧舞剧院的舞美设计师，是《洪湖赤卫队》等知名剧目的舞美设计主创人员。

在爷爷和父亲的熏陶下，朱明自小就喜欢画画。幼时的朱明经常见到父亲朱肖丹伏案雕斫，耳濡目染间，优秀的传统技艺逐渐在他心里扎根。一把刻刀，一方木头，成为他童年时期最亲密的伙伴。

潜心钻研，提升技艺

从初一开始，朱明就在爷爷的指导下正式学习素描，这也为他日后的创作打下坚实基础。1988年，朱明考入武汉市工艺雕刻厂的设计组。每天工作之余回到宿舍，朱明便拿出心爱的刻刀进行练习，学习夯实刻、切、铲、凿、划等基础技能。遇到瓶颈时，他还经常登门向厂里的老师傅虚心求教。

用质朴的手工打造出有温度的作品

1992年，因为工厂改制，朱明和妻子石琴开起了雕刻工作室坚持创作。"既然从父辈手中接过这门传统手艺，我就不能让这项非遗文化瑰宝在我手里丢掉!"

30多年来，朱明甘坐冷板凳，坚守在工作室潜心创作，他的作品曾经获奖无数，其中包括"中国工艺美术百花奖优秀奖"等，还获得了"湖北省工艺美术大师""武汉好手艺民间工艺技能传承大师"的称号。经过反复的实践和不断创新，朱明将传统技巧与现代审美情趣相结合，形成了汉派木刻技艺的新面貌。

部分木刻工具

汉派木刻最讲究"神韵在先"

汉派木刻的制作流程多、周期长。完成一幅简单的木刻浮雕作品，至少需要一周时间；而一幅制作精细的木刻版画作品，从开始的选材、画稿、刻版、打磨等到印制完成，用到的工具多达百件，其工艺流程往往耗时几个月甚至一年。只有耐下性子坚持，守得住寂寞，才能创作出独一无二的作品。

"汉派木刻最早起源于唐代，它根植于荆楚文明，讲究'神韵在先'，柔中带刚。以《门神》为例，西方美术有'三庭五眼'理论，中国民间工匠一代代口口相传的口诀也有'立七坐五盘三半，竖三鼻子横五眼，一只手挡半张脸。'我们非常重视人物的身体比例关系，要求表情真实、眼神逼真。"朱明介绍道。

朱明告诉我们，他的作品除了传统木刻，也有一些木雕作品。他认为，木雕和木刻最大的区别是：木雕是三维立体的，木刻则是二维平面的。材质是传统木刻技艺的载体，创作者不仅得精通各种雕刻技巧，而且还得对木材的特性了然于胸。比如樟木、楠木、黄杨木、椴木、梨木等木料纹理细腻，硬度适中，创作出来的作品也更具质感。

汉派木刻该如何在发展中传承，在传承中发展？

对此，朱明有自己的思考：非遗要传承创新，就离不开对人才的培养。仅依靠"口传心授"的传承方式，只会让传统技艺的传承举步维艰。要想在传承中创新，就必须打破传统的教育模式，设立体验工坊，与高校合作编著专业教材、开设专业课程、培养专业人才。

朱明在收徒方面十分谨慎，目前他已经先后带出5名徒弟，年龄最大的40多岁，最小的才16岁，大部分徒弟已经掌握了汉派木刻技艺的制作要领和要求。为了让这门古老的技艺焕发新光彩，朱明在创作内容、表现手法上不断推陈出新。"比如这幅金银箔装饰版画作品《松鹤延年》，图中是传统的木刻图案纹样，但借鉴了描金手绘工艺，把不同的特色元素融合到了一件作品里。"朱明说。

　　目前，朱明正在创作一幅名为《武汉八景》的木刻作品，里面涵盖了黄鹤楼、武汉大学、长江大桥、龟山电视塔、江汉关等武汉地标性建筑，他希望大家能通过这个作品了解武汉、爱上武汉，也让汉派木刻这个独特的文化符号历久弥新。

朱明学艺时期的雕刻作品

木刻浮雕作品《西厢记》

传统美术

江 夏 非 遗

民俗

○ 江夏黄

○ 呼龙下十

江 夏 黄

冯富国

在古代文献记载中，黄色一直被人们视作五色之一，象征着吉祥和美好。黄姓则得名于古黄国，后大昌于江夏，几经沧桑后，其后裔播迁至世界各地。

如今，黄姓是全球华人十大姓氏之一，黄氏子孙遍布海内外，但江夏是所有黄姓族人公认最早和最著名的总郡望和发祥地，正所谓"天下黄姓出江夏，万派朝宗江夏黄"。

"中国核潜艇之父"黄旭华院士携家人到江夏黄氏大宗祠拜谒先祖

江夏黄氏渊源

江夏是一个人才辈出的地方，自古以来不同姓氏的名人更是数不胜数。

相传，公元前648年，位于河南省潢川县的古黄国被楚国灭亡后，黄国人四处逃亡，为了不忘故国，他们遂以黄为姓。其中，黄国国君的后人最终迁徙到了江夏定居。

战国时期，作为"战国四公子"之一的黄国后裔黄歇，以礼贤下士、门客三千而著称。后来，楚考烈王任命黄歇当上楚国宰相，封为春申君，给黄姓带来了转机。原来逃散的黄国子孙，纷纷向楚国靠拢，聚于江夏郡。为了纪念这次有历史意义的复聚，后人便将江夏黄姓的堂号定为"江夏堂"。据北宋时期的《百家姓》记载，黄歇被认为是江夏黄氏的始祖。

秦汉时期，江夏黄氏兴盛一时。到了东汉，江夏出了一个当时被称为"忠孝两全，天下无双"的黄香，以及都位列东汉三公的子黄琼、曾孙黄琬，使江夏黄氏更加欣欣向荣，成为黄氏的第一郡望。

从魏晋开始，随着江夏黄氏的几次大迁徙，江夏从郡望地名变成了宗族堂号。为了纪念先祖，海内外黄姓子孙都通称为"江夏黄氏"，其宗祠正门上方和上厅神龛之上都悬挂着"江夏堂""黄江夏堂"或"黄氏江夏堂"的牌匾，而黄姓人家的大门顶上也书有"江夏世家""江夏流芳"或"江夏黄氏"四个大字。中国《百家姓》中的黄姓下面，文字注记也是"江夏郡"。数千年来，黄氏子孙以"忠、孝、义、和"为理念，自强不息，开拓进取，为宗族兴旺、国家富强作出了重要贡献。

天下黄姓江夏祭

时至今日，位于武汉市江夏区五里界的黄氏大宗祠，每年仍有许多海内外各地的黄氏族人前来祭拜。

江夏黄氏大宗祠占地30多亩，背山面水，气势恢弘，飞檐翘角。大宗祠是在原有的绿云祠堂基础上扩建而成，2007年10月竣工，得到了当地政府及海内外黄姓宗亲的大力支持。

大宗祠呈三进式，坐北向南，其格局分为上厅、中厅、前厅。宗祠上厅正面的神龛供奉着黄氏太始祖陆终、上始祖黄歇、大始祖黄香、西汉丞

巍峨壮观的江夏黄氏大宗祠

相黄霸和东汉太尉黄琼的画像。资料室挂有古黄国疆域图、汉代江夏郡疆域图、江夏黄氏源流简介、历代黄氏状元名录、巾帼名录等。

据统计，来自海内外的黄氏后裔数千人曾先后到江夏来拜谒黄氏先祖，寻求同祖同宗，继承"忠、孝、义、和"的黄氏家训。

2009年10月25日至26日，武汉市江夏区隆重召开世界黄氏宗亲总会第十届第二次恳亲大会，这是"世黄大会"首次在江夏祖地举行。来自美国、新加坡、泰国、韩国、马来西亚等11个国家和地区，以及国内福建、广东、河南、上海等20多个省市的2800多位黄姓后裔来到江夏参加"世黄大会"，寻根问祖。

江夏文化研究会每年都要组织黄氏宗亲开展"天下黄姓江夏祭"活动，活动包括祭祖大典、祭拜宗祠、扫墓谒陵、恳亲联谊、学术讨论（世界江夏黄氏恳亲大会每年分别在成员国举办一次）等多项内容，对增强炎黄子孙间的亲和力、凝聚力，丰富历史文化古镇江夏精神家园内涵，建设鱼米之乡新江夏的和谐文明，具有重大的推动作用。

"天下黄姓江夏祭"是一项盛大、隆重的民间祭祀活动，申请为市级非物质文化遗产后，影响更加广泛而深远。保护、传承、利用、发展此项非物质文化遗产，对于传承民俗文化、弘扬家族传统具有重要的意义。

孝道传家

　　孝道是中国传统文化的重要内容，是维护国家昌盛的精神支柱。孔子曰："孝悌也者，其为仁之本与"，把孝道当作为人处世的准则。在黄氏家训中，"孝"也历来被看作是最基本、最重要的德行之一。

　　东汉宰相黄香，自幼就十分孝敬父母。九岁时，慈母去世，他伤心欲绝，以致身心憔悴。其后，他对父亲更极尽孝心，夏日扇枕、驱蚊；严寒则以身温衾，好让父亲入眠。他孝敬父母的事迹闻名遐迩，当时的江夏太

春申君黄歇雕像

守刘护对黄香大加称赞，并召他为门下弟子，勉励黄香发奋读书，为父母争光。之后黄香终于官拜左丞、尚书令等显赫职位，使家门荣耀。

《二十四孝》中就讲述了"黄香扇枕温席"的孝行故事；《三字经》中云："香九龄，能温席，孝于亲，所当执。"黄姓的"孝"因此家喻户晓，妇孺皆知。

北宋大文豪黄庭坚（1045—1105），史称其天性笃孝。母病逾年，他坚持昼夜探亲；虽官至太史，他仍坚持每日亲手为患病的母亲洗涤便溺器物，从未间断；母亲仙逝，他结庐墓下，为母亲守孝。后人尊他为传统孝道的代表，亦名列《二十四孝》之一。

中湘黄氏谱《家训》中说："第一层次的孝就是以自己的能力奉养父母，而孝的升华就是要立身行道，为父母争光。"慈溪黄震在《束发讲义》中说："始于事亲就是孝。"《江西新建黄氏联谱》将孝道思想列为书中主要内容之一。"悌"就是友爱同辈，爱护弱小，对人重团结友爱，不但团结本族，而且友爱他姓，和睦邻里，不仇眼逞凶。

"孝悌无双"可以说是黄姓"江夏流芳"的核心，也是代代相传的优良传统，它积淀了中华民族深厚的道德文明精华。在当今社会，我们追本溯源，加强"孝文化"的教育和弘扬，依然具有十分重要的现实意义和时代价值。

精忠报国

　　在中国，特别是在封建社会，忠君和爱国往往是融为一体、不可分割的。在中国社会发展的各个历史时期，无数的黄氏先贤，在朝美政，在乡美俗，他们用自己的力量和智慧，辅佐朝廷政府，造福一方百姓，为国家的统一发展和强盛立下了不可磨灭的功劳。

　　夏末的黄尹是一位治国能臣，辅佐商汤灭了夏桀，建立殷商王朝，连任商汤、外丙、仲壬、太甲在位时期的宰相，对商朝初期王位的确立、司法的制定、政策的实施，作出了突出贡献。

　　商朝末年的武成王黄飞虎等一批黄家将，为拯救人民于水火之中，首起义旗，讨伐荒淫无度的暴君纣王，辅佐周武王建立了周王朝，成为周王朝的一代开国元勋；然后和姜太公一起帮助武王实行分封制和建立宗法制度两项重大改革，使经济得到大发展，人民过上安居乐业的生活。

　　战国时期的黄歇更是一位功勋卓著的朝廷重臣和外交要人。楚怀王爱慕其外交才华，派他出使秦国。当时秦昭王正派大将白起联合韩魏共同伐楚，情况危急，黄歇得知消息后随即开展了卓越的外交活动，向秦王陈说利弊，促使昭王下令白起退兵，并派使者至楚立约结盟，从而使楚国避免了一场战祸。黄歇当了宰相以后，力图革新，他修故城、筑黄堂、浚河渠、养食客、练兵士、举法政、灭鲁国，楚国国力得以复强。

　　黄香之子黄琼为东汉时期名臣，也是古代黄氏人物的杰出代表。黄琼年轻时隐居在家，父亲去世后，42岁的黄琼才入朝为政，建功立业。在家乡亦耕亦读的经历和世代坚守的家风，让他深谙百姓疾苦，始终亲民爱

民。他清正廉洁，不畏权贵，忠言谏君，在政治上很有建树。黄琼病逝之后，其子嗣盛多，但为官者甚少，在《后汉书》里立传记的只有孙子黄琬。

黄氏宗亲共同祭祀先祖，传承祖训家风

不同年代和地区的黄氏典籍族谱等资料

文化之根

　　黄氏一族十分重视教育事业，兴文重教，给家族后代注入文化基因。明清两代，黄氏进士人数多达一千人，进入近现代，江夏黄氏的发展进入了新的时期，海内外黄氏宗族枝繁叶茂，英才辈出。

　　江夏黄不仅仅和黄姓之人有关，而且已经成为一种重要的文化现象，受到了文化学者的关注，如由武汉大学历史学院副院长杨国安教授牵头编著的《江夏黄在台湾》就是一部为台湾黄姓寻根溯源的重要著作。该书主要考证了黄姓起源和黄姓先祖的事迹，以及黄姓郡望"江夏郡"和堂号"江夏堂"的历史演变，解析"江夏黄"何以成为黄姓的文化象征，还讲述了台湾"江夏黄"波澜壮阔的移民史。

　　杨教授认为，江夏黄的精神源头来自于中华悠久的传统文化，江夏黄氏的"忠、孝、义、和"的做人理念正是中华传统美德的反映。

　　江夏黄，从远古时代缓缓走来，不断汲取传统文化，融合时代精神，形成了鲜明而独特的气质，在中华五千年文明进程中熠熠生辉。

　　它不仅有辉煌的昨天、绚烂的今天，未来，必将进一步根植时代沃土，传承先祖遗风，书写天下黄姓更加美好的明天。

民俗

133

呼 龙 下 十

刘　蓉

千百年来，在吴楚文化与中原文化交融的基础上，江夏形成了独具特色的丧葬民俗，并传袭至今。在江夏人眼中，白事是对逝者最后的缅怀，讲究"入土为安""死者为大"，所以必须庄重，体现出对传统孝道文化的重视。平时，人们还特别忌讳说出与凶祸有关的词语，因此家中有亲人去世，往往不说"死"，而是说"走了""不在了"。

20 世纪 70 年代以前，江夏区均为土葬。旧俗中，白事操持过程不仅繁琐冗长，还有一些封建迷信的成分。如果直系亲属去世，孝亲得披麻戴孝，烧纸马、纸钱，百日内穿白色的孝服。在三年守孝期间，不能举行婚嫁之事，只能穿黑色、蓝色等暗色的衣服，忌讳穿红戴绿，浓妆艳抹。

从 1975 年开始，国家实行殡葬改革，江夏普遍推行火葬，节俭办丧、文明祭祀的丧葬新风兴起。一般是亡者去世三天后火化。火化安排在当天的一大清早，火化完后直接送到陵园里安葬。安葬三日后，孝亲要带祭品"复山"，以后还有做七、百日、周年等追悼仪式。当年大寒节或次年清明立碑，以后每逢周年祭日则为常规祭祀。

"呼龙下十"，是江夏传统葬礼中的重要环节，意味着亡者与世隔绝，将与亲人做最后一别。它起源于道教供奉九天玄女娘娘的经忏，后演变于民间。由于师承不同，形式上也有一些差异。由民间文献和民间传说推测，"呼龙下十"有可能形成于明末清初。中华人民共和国成立前，这一仪式在江夏乌龙泉街周边流传盛广。

它的主要形式是在出殡下葬当天，所有送别的孝亲集聚在一起，摆好祭品、牌位，点燃香烛，按照辈分以及亲疏顺序，依次上香行礼。白事先生在敬神后开始唱念，在场孝亲中亡者的儿女进行呼应。近年来，由于老一辈传承人相继谢世，加之健在者也大多到了耄耋之年，这个民俗现在几乎绝迹，已难得一见。

从乌龙泉街文化站工作人员搜集整理的资料来看，乌龙泉街致富村村民张宗和从其父亲那里得到教导，"呼龙下土"才得以传承。

据张宗和介绍，在呼应过程中，白事先生会向墓穴挥洒"五谷六米"粮食作物（其中有大米、绿豆、小麦等）。词意主要是表达对亡灵的慰藉之情，以及对生者未来美好生活的祈盼。这一仪式使整个丧场显得既庄重又活泼，达到悲中有望、生死随缘的境地。

呼：呼以吉日时良，天地开张。

应：（好哇！）

呼：仙人点穴，吉人安葬。

应：（好哇！）

呼：（开始洒五谷米及土粒）一洒东方甲一木，子子孙孙受百福。

应：（喜呀！）

呼：二洒南方丙丁火，才子两旺子孙多。

应：（喜呀！）

呼：三洒西方几更星，世世代代出公清。

应：（好哇！）

呼：四洒北方人贵水，问孝子愿富愿贵？

应：（富贵双全）（好哇！）

呼：要得富来，银钱堆百斗。

应：（好哇！）

呼：要得贵来，代代出诸侯。

应：（喜呀！）

呼：洒土完毕，万事大吉。

应：（人人安息）

呼：孝子请起。（起身后）恭喜孝家发。

呼龙下十场景图

137

江夏非遗

○ 安山柯家酒制作技艺

○ 金口烧腊制作技艺

○ 金口烧鮰鱼制作技艺

○ 金口榨油技艺

○ 山坡光明茶制作技艺

○ 金口竹器制作技艺

○ 榫卯技艺

○ 金口何氏牛肉粉制作技艺

传统技艺

○ 舒安藠头制作技艺
○ 五里界界豆酱制作技艺
○ 金口生炸鱼丸制作技艺
○ 汤逊湖鱼丸制作技艺
○ 湖泗窑陶瓷制作技艺
○ 楚地菖蒲造景艺术
○ 山坡河垴烧制作技艺
○ 荆楚刺绣技艺
○ 湖泗豆腐角制作技艺
○ 湖泗合菜面制作技艺

舒安藠头制作技艺

童　语

　　夏季天气炎热，很多人会食欲降低，吃不下饭。每到这种时候，武汉人的餐桌上就会出现一道不起眼的开胃凉菜——舒安藠头。一碗绿豆稀饭，配上一碟糖醋藠头，这就是老一辈武汉人最正宗的消夏吃法。

　　在盛产藠头的武汉市江夏区舒安乡，藠头并非什么稀罕的美食。这里与江西省南昌市新建区生米镇、湖南省岳阳市湘阴县三塘镇齐名，都是中国优质藠头的原产地。

　　藠头，属于百合科葱属多年生宿根草本植物，在我国有着悠久的种植历史，是中国南方特有的香辛类蔬菜。种植藠头时间跨度很大，需要8个月左右的时间，秋种夏收得跨越两个年头。

分拣工人

修切

清洗

　　在古代，藠头又被称为薤。早在两汉乐府中，就曾经出现关于薤的诗词："薤上露，何易晞。露晞明朝更复落，人死一去何时归。"北魏末年贾思勰的《齐民要术》中，详细介绍了薤的栽种方法，到了宋代，它已经是种植和食用都非常普遍的一种蔬菜。在制作鱼肉等菜肴的时候，人们经常用薤来进行调味。

　　藠头是一种既怕涝又怕旱的农作物，因此，优质藠头的生长离不开天时、地利、人和三大因素。得天独厚的自然条件和地理环境，孕育了舒安藠头。舒安地处梁子湖畔，这一带主要由湖岸、垅岗、丘陵三种地貌地形组成，一般海拔在20～30米之间，地下水位低，排水条件良好，十分适合种植藠头。藠头忌高温、喜冷凉，江夏地区属亚热带气候，四季分明，气候温暖湿润，每年无霜期在240天左右，日平均气温16.3℃。梁子湖畔为轻壤土和沙壤土，土壤大多呈中性，富含有机质，可以提高土壤保肥能力，促进作物生长。

舒安藠头别名南蘸、三白头，素以个大色白、皮薄层多、质地脆嫩著称，经过腌渍之后更是清爽可口。据元《农桑辑要》记载，早在南宋时期，江夏地区梁子湖沿岸已开始大面积种植藠头。八百多年来，它一直是当地具有代表性的农作物，从未间断。

　　因为口感细腻，咸甜爽口，舒安藠头在清代作为贡品，曾入选满汉全席。2010年，经原国家质检局审定为"国家地理标志产品保护项目"；2012年，舒安藠头制作技艺入选武汉市市级非物质文化遗产。它的保健功能也很多，具有消食、除腻、健脾等功效，从20世纪80年代开始，主要出口到日本、韩国、美国等地。

　　南宋末年，大量江西人受战乱所迫，拖家带口移民到江夏定居，也把藠头的种植技术带到田间地头。舒安关于藠头的吃法很多，春天用新鲜藠头加上干辣椒炒腊肉，咸鲜下饭，夏天则可以做成酸甜藠头，少了一丝辛辣，多了几份香甜。虽然做法简单，却喷香扑鼻，让人闻之垂涎欲滴。

　　"制作一瓶藠头得花费几个月的时间，没有捷径可走。在这个过程中，必须沉得住气。"据舒安藠头厂的老厂长徐启育介绍，从明代开始，舒安就出现了专门收购藠头的商行，收购要求相当严苛：除了新鲜、色白、颗粒结实，散子还不能带泥土，无青头、无霉烂状况，根须1厘米，禾长2指半。当天收到的藠头，得赶在当天用梁子湖的湖水洗净，洗后装篓，就地在商行的院里加工，还派有专人把守，不许人偷看制作工艺。

　　每逢藠头丰收的季节，当地农户也会用大缸简单制作一些腌藠头自己食用，或送亲戚朋友，在物资匮乏的年代，它是深受人们欢迎的家常美味。

　　1975年，原江夏区舒安公社成立了藠头厂，通过收购当地农户种植的藠头，加工生产出藠头罐头、袋装藠头等产品。具体工序分为腌制、修

腌制

压制出水的石块

切、分级、灌装、脱盐、预煮、精选、灭菌和包装。其中，腌制工序最为讲究：藠头入池到规定画格位置；每格按规定将无碘盐、矾均匀撒上；每100斤藠头撒12斤盐、食用比例为千分之五的明矾；封池后及时铺上竹排，压石块（每块石头重约80斤）；从回流筒注入盐卤，保持池面卫生，保持盐水深20厘米。藠头腌制60天以后才能修切，再进行后续工序。腌制好的藠头吃起来甜中带酸，别有一番滋味。

2001年4月，农业产业化国家重点龙头企业武汉小蜜蜂食品有限公司整体租赁了藠头厂，成立了国内首屈一指的藠头生产基地。公司不仅通过了ISO9001和HACCP质量管理体系认证，而且多次接受国际权威机构的现场考察，并赢得一致好评。

在市场行情的震荡中，舒安藠头的生产经受了不少风雨。有企业在收购时故意压级压价，损害农民利益的状况时有发生。2005年，由于国内外市场饱和，藠头价格骤跌，藠贱伤农严重影响了农民的种植积极性，随后几年时间，舒安藠头的种植面积锐减。后来本地的一批半成品加工厂因影响武汉周边的环境陆续搬迁后，舒安藠头的销售也成了问题。

面对困难，市、区有关部门给予农民及时的扶持。2019年下半年，武汉市民政局积极落实产业扶贫政策，投资30万元，采取"农户＋合作社＋农场＋村委会＋驻村工作队"的模式，在舒安街八秀村种植68亩藠头，发展舒安的特色产业。近年来，该基地68亩藠头能产藠头28万斤，亩产4000斤以上，由江夏区扶贫企业以每斤1.5元的价格托底全部收购，藠头产值达42万元。从2003年至今，江夏区政府投资了100多万元，帮助农民修路、推塘，改善藠头种植条件，还在舒安街分水村兴建了一个藠头初级加工厂，完善农业产业链，极大地调动了农民种植藠头的积极性。

五里界界豆酱制作技艺

惠 雯

"双抢"的农忙季节，五里界的村民忙着收稻谷、插晚稻秧苗，累得连轴转，如果中午顾不上回家吃饭，就会让家人送饭菜到地头来吃，其中，界豆酱、豆腐乳都是主妇们随手拈来的下饭菜。拌了麻油的泡饭，与界豆酱搭配，更是"佳偶天成"的乡间美味。

江夏五里界镇地处丘陵地带，北部有汤逊湖，东部有梁子湖、牛山湖，有山有水，土壤酸碱度适宜，加上光照充足、雨量充沛，这些都为界豆的生长提供了良好的自然条件。

早在一千多年前，江夏五里界就开始种植界豆，清代已远销东南亚、

泡发好的界豆

欧洲各国以及中国香港地区。最鼎盛的时期，五里界可以说是"家家种黄豆，户户打豆腐"，种植面积达3万亩。

与普通黄豆不同的是，界豆颗粒饱满，皮薄色黄，出油率为17%～19%，含有大量的不饱和脂肪酸、多种微量元素、维生素及优质蛋白质，因地得名为"界豆"。2014年12月，界豆经过国家农业农村部评审，获农产品地理标志登记证书。

一颗小小的界豆，经过层层蜕变，可以做出品种繁多的美食。用古法制出的界豆酱口感鲜咸、回味醇厚悠长，但由于制作工艺繁琐，过程漫长，如今很少人会制作了。

传承人潘德意是江夏区五里界街道李家店人，出生于1952年，早在20世纪60年代，他就跟随附近作坊的方师傅学徒。

他的界豆制品厂从豆子选材，到蒸熟摊晒的时间，再到佐料的比例，都分毫不差地坚守着保持原味的标准。

界豆的成熟时间一般是每年7月至9月，做酱时，工人们会从中挑出无杂物、颗粒饱满的豆子，淘洗干净后上锅煮熟，让豆子充分吸水后膨

挑选颗粒饱满的豆子

蒸界豆

胀，再沥干水倒在簸箕上摊凉，界豆将迎来自己的第一次发酵。

静置10～15天之后，豆子表面会生出一层白色菌状物，此时可以选择盐、辣椒等佐料拌入酱缸中继续发酵。酱缸缸口有一圈水槽，扣上一只海碗，再浇上足量的水，就可以防止外部杂菌进入。

据潘德意介绍，当地以界豆为原料的古法制酱工艺还保留了日晒夜露的过程。白天，他们会把酱缸放到太阳下面暴晒，使酱缸中的微生物迅速发酵，这就是日晒；到了

将晒干的界豆豆荚打碎取豆子

晚上，只要确保下雨淋不到，酱缸可以不用搬回室内，继续放在户外接受水汽的滋润，这就是夜露。在早晨太阳出来之前和傍晚太阳落山之后，还要翻搅两次。另外，缸中还会保留一些构树叶起到提鲜、增香的作用。"放构树叶也蛮有讲究，不能直接在太阳底下晒啊，要放在阴凉的地方。"潘德意耐心地讲解。

按照古法做好的界豆酱酱香浓郁，特别醇香。多年制酱，潘德意一眼就能判断出界豆的发酵成色。他告诉我们，制酱的过程中，必须勤翻、勤看、勤闻、勤尝。如果豆瓣的颜色由浅黄转为深褐就说明已经做好了。"豆瓣偏黑，说明发酵温度高了，而发酵温度过低，颜色也不一样，只有深褐色才是最合适的。"

金口生炸鱼丸制作技艺

丁逸枫

在过去的年月，长江"黄金水道"的货运量占据了全国内河货运量的八成，而位于长江中下游的金口历来是长江流域重要的水路交通和物资集散的"大码头"。

繁华的金口古镇吸引了来自天南地北的商人，再加上明清年间的武昌府下辖江夏县、武昌县、嘉鱼县、蒲圻县、咸宁县等地，每年赶考的学子大部分都是通过水路途经金口，再转车抵达武昌城内的贡院进行乡试。

一方水土养育了一方人，也滋养出一方独特的民风和美食。当地渔民大多"靠水吃水"，世代以捕捞为生，以船为家。他们擅长去掉鱼皮，剔除鱼骨，将鱼肉剁成肉泥，做成肉质细腻的鱼丸。逢季烹鲜，力求鲜活，正是金口美食的生动注脚。为了延长储存时间，人们后来又增加了一道油炸工序，这样一来，经过高温油炸的生炸鱼丸可以在常温下保存一段时间。

尽管江夏人几乎家家户户都会做生炸鱼丸，但谢氏老金口生炸鱼丸可以说是其中翘楚，混合了鱼茸和五花肉做成的传统美食金口生炸丸子外酥里嫩，早已声名在外。

20世纪初，人们因战乱不止，生活流离失所，非遗技艺传承人谢修文的祖父谢如意靠做乡厨勉强维持生计。在战乱中，他曾经收留了一位受伤的中年厨师，悉心照料。为了报恩，对方将自己一身烹烧鱼鲜的好手艺全

楚天首悬：江夏非物质文化遗产概览——

152

鱼茸和五花肉加入葱姜等调料

搅拌上劲从虎口挤出成丸

下锅油炸至丸子内部充气鼓起

都倾囊相授。战乱结束后，谢如意凭借好手艺远近闻名。

1973年，谢修文出生后就跟随祖父长大。童年的他最喜欢做的事之一，就是看祖父手脚麻利地烹制鱼鲜。随着渐渐长大，他也爱上了厨艺。

谢修文回忆说："当时，十里八乡的街坊遇到红白喜事设宴待客，都会请他老人家操刀下厨。"

生炸鱼丸做工精细讲究，又费油费炭，在老一辈金口人心目中属于宴席上的高档菜品，只有在过年、上梁和婚丧嫁娶等人生大事的时候才会被端上桌待客。为什么白喜事也要上生炸鱼丸呢？据谢修文考证，按照当地风俗，老人80岁之后去世，是一件值得高兴的事情。人们认为，老人太长寿会影响后人的福运。所以遇到老人无疾病自然去世，人们在吊唁时会对老人亲属说："恭喜，您起了大帽子，要发财啊！"去世的老人亲属则会大摆宴席，鼓乐齐鸣，鞭炮声此起彼伏，到场的亲朋好友也络绎不绝，这样的丧礼是一场热热闹闹的家族大团圆，被人们称为"喜丧"。所以在白喜事上少不了象征团圆的生炸鱼丸。不过，有一点不同的是，红喜事宴席的菜必须是双数，开桌也是双数；白喜事宴席的菜必须是单数，开桌也是单数。

20世纪90年代，谢修文跟着发小一起南下前往广东，辗转各地打工。在打工的酒店里，他不懂就边学边做，逐渐掌握了粤菜的精髓。

三年学徒期满，谢修文回到老家创业，开办了谢氏老金口渔村餐厅。他将湖北传统烹饪手法与金口本地风味有机融合，演绎应季食材，颇受客人好评。其中，他最拿手的当属生炸鱼丸。

老金口生炸鱼丸的做法十分讲究，主要食材有两种：一是农家土猪肉，选肥六瘦四的五花猪肉；二是当地水库产的新鲜草鱼。配比是草鱼肉1000克，五花猪肉200克，添加生姜末、小葱末以及生粉和鸡蛋等配料，

生炸丸子可配一碟香醋解腻

搅拌均匀。

　　谢修文说，选鱼至关重要，池塘鱼、长江鱼和水库鱼是有区别的。而他选择的是深水的水库鱼，这种鱼的肉质细嫩紧实。

　　具体制作方法是：他会将选好的草鱼刮鳞，去除内脏，顺着鱼脊处去净肉剁成鱼茸备用。为了改良草鱼肉质相对粗糙的口感，他在制作时也会添加一些雄鱼尾肉，这样口感更细腻有劲道。

　　谢修文在指导徒弟谢齐勋剁鱼茸时，不厌其烦地叮嘱各个注意事项："你取鱼肉的时候，鱼皮要留厚一点，鱼先切成片，剁鱼茸的时候，要用好腕部的力量，刀法要有节奏感。"

　　此外，谢修文对猪肉的选择也同样有讲究，他一般会选择土猪的五花肉洗净去皮后剁成肉馅，搅拌均匀放入木盆中。一般十斤鱼茸配两斤肉，按照这样的比例做出来的生炸鱼丸口感格外蓬松。加上生姜末、小葱末以及鸡蛋、生粉等调料，再根据它的吃水量酌情放盐。然后，依次将调料加入到鱼茸和肉馅中，再按顺时针的方向搅拌上劲。在这个过程中，谢修文还有一个独门秘诀：在武汉的冬天和夏天做生炸鱼丸是有区别的，冬天基本上把盐兑准就可以了，夏天天气酷热，一定要用冰水来和馅，避免出现发馊、变质的现象。

一切准备就绪，在锅内放入色拉油后，烧至四成油温，将搅拌后的馅用手挤成乒乓球大小，先小火慢炸，熟透后，大火炸至金黄色就可以出锅了。

炸好的生炸鱼丸弹润饱满，皮脆内嫩。江夏人一般会将生抽、陈醋、姜丝调制成蘸料来吃，祛除油腻感，但也有很多人不喜欢蘸调料，金灿灿的丸子，直接一口一个，完全停不下来。

以前过年的时候，武汉人除了"打扬尘"、贴春联，还得自己准备食材炸丸子，为准备年夜饭累并快乐着。现在，每当年关将至，不少客人会专程到谢氏老金口渔村餐厅订购原汁原味的生炸鱼丸，用来馈赠亲友、答谢客户。色、香、味俱全的美味佳肴，令人难以忘怀。

谈到技艺传承的话题时，谢修文说："要传承传统的技艺，保持工匠精神很重要。能够和亲人同做一件事，其乐融融，这就是传承的意义。我希望把手艺的精髓全部传给儿子和徒弟，世世代代传下去，让客人从食物中记住老金口的味道。"

汤逊湖鱼丸制作技艺

丁逸枫

在江夏，流传着一首民谣："汤逊湖的鱼丸，金口的鱼，五里界的粉蒸肉都超好吃；梁子湖的大闸蟹，土地堂的瓜，还有法泗的炸荷花；贺胜桥的鸡汤，湖泗合菜面，舒安的藠头，香港看得见。"在这些江夏土特产里面，排在第一的汤逊湖鱼丸，可以说是大有来头。

汤逊湖原本叫汤孙湖，古时多用姓氏作为村名或地名，传说湖边有两个村子，一名汤家湾，一名孙家湾，于是，湖也被称为汤孙湖。1997年，江夏区政府相关部门结合实际情况，将"孙"字加了一个"走字底"，将其改名为"汤逊湖"。

武汉素有"千湖之城"的美誉，作为武汉数一数二的城中湖，汤逊湖拥有漫长的湖岸线，一年四季波光潋滟，波澜不兴。汤逊湖的风景美，汤逊湖的湖鲜更美。"汤逊九岛十八弯，打个水漂煮鱼圆。"在汤逊湖渔民的餐桌上，鱼丸是最普通不过的家常菜，逢年过节，更是家家户户必不可少的一道菜肴。为了讨个好彩头，鱼丸也被当地人习惯性地称为鱼圆，寓意"年年有余"和"万事圆满"的双重好兆头。

相传，湖北鱼丸的吃法与秦始皇有关。有一天，秦始皇传令楚国名厨给他做一道鱼菜。为了避免鱼刺哽喉引来杀身之祸，厨师斩掉鱼头，又剔去鱼刺，经过反复加工制成一颗颗洁白晶莹的鱼丸，加入高汤后煮沸，奉献给秦始皇。不料，这道吃鱼不见鱼的菜式馨香四溢，让秦始皇吃后龙心

胖头鱼

大悦，重赏了厨师。于是，鱼丸的做法也在民间流传开来。

20世纪90年代初，汤逊湖鱼丸非遗传承人吴跃林辞职后南下，在深圳的一家日资公司打工，后来回武汉负责公司在汤逊湖畔民族村项目的开发。1998年6月，他和朋友决定合伙在工地附近开家小餐馆，一来解决工程施工人员的吃饭问题，二来顺带做点散客生意。

当时，汤逊湖渔场有大批职工下岗，为了自谋生路，许多人在汤逊湖畔搭起棚子做起了鱼丸生意。一时之间，鱼丸餐馆遍地开花。庙山一带也是各大驾校的练车胜地，从早到晚，几乎都有人在此练车，随着大家不断口口相传，汤逊湖鱼丸的名气越来越大，不少人专程开车从市内跑来尝鲜。

2000年，江夏区政府为了规范经营，建了四十多间门面，"鱼丸一条街"正式成立。吴跃林和朋友商量后，也租下一套200平方米的门面，将以前的餐馆搬过来，取名为"小田园"酒楼，主打汤逊湖鱼丸火锅和乡土菜。从2003年开始，酒楼生意红火起来，为了扩大规模，他们又将隔壁的几个门面转租下来，使营业面积接近一千平方米，并且统一了装修风格，体现原汁原味的乡土气息。

2010年，因为武咸城铁城际铁路的建设，极具烟火气的"鱼丸一条街"随之成为历史，但汤逊湖鱼丸火锅依然是再次升级后的"小田园"商务酒店菜单上的保留菜式。

正宗的汤逊湖鱼丸，整个过程都是手工制作，不借助机器、不加添加剂。鱼丸虽然好吃，做起来却颇费工夫。究竟是怎样的手艺才能做出如此美味的鱼丸呢？

据吴跃林介绍，汤逊湖的鱼丸之所以与众不同，是因为它讲究用活鱼现做，以突出鱼的鲜美。鱼是汤逊湖的胖头鱼（也叫花鲢），煮鱼的水用的是汤逊湖的水。

胖头鱼肉多刺少，质地细嫩，脂肪丰富，做出的鱼丸极富质感，味道鲜美清甜。所选用的胖头鱼一般要在四斤左右，因为汤逊湖水质清澈，这样大小的胖头鱼一般需要三年以上才能长成。再者就是，汤逊湖湖水达到国家二级饮用水标准，所产的鲜鱼长期处于清水环境，没有受到污染。

做鱼丸的鱼除了去鱼鳞、鱼皮，还必须剔头除尾去直骨，剁碎成为鱼茸，加蛋清及姜末等调味料，再加上适度的猪油，用手搅拌上劲。搅拌时必须顺时针，沿一个方向。搅的过程中，需要加入清水，直到搅至鱼茸中出现细碎的小气泡。最后，用左手抓起鱼茸轻轻握拳，使鱼茸从虎口挤出，右手用汤匙刮，逐个下入锅内，成直径3厘米左右的鱼丸。

虽然全凭感觉和经验，但鱼丸做出来的大小几乎统一，形状也一样。

传统技艺

鱼茸搅拌上劲

将鱼茸挤出，用汤勺挖下成丸后再下入锅中

凉水下入鱼丸

吴跃林说，做鱼丸需要仔细耐心，搅拌够不够、煮时火候把握程度、加水加盐多少等等，一个步骤不到位，最后出来的口感就会大打折扣，其中付出的艰辛，常人难以想象。

千百年来，当地人做鱼丸火锅的时候，锅不加盖，一直把胖头鱼熬成乳白色的高汤，再佐以生姜、胡椒粉。做好的鱼丸火锅一般加白萝卜打底，一大盆热气腾腾端上桌时，足有脸盆大小，色白如玉的鱼丸浮在汤面，喝一口鱼汤，更是满嘴鲜香，如同人间至味。

水开后煮 3 分钟即可

湖泗窑陶瓷制作技艺

李 黎

　　中国陶瓷艺术文化源远流长，早在先秦时期，中原地区和浙江等地就出现了原始瓷。宋代，茶文化盛极一时，陶瓷艺术也日臻完美，尤以高温单色釉著称，它古朴素雅，大美至简，如同瓷器家族中的娴静淑女。

　　当时，全国各地涌现出众多烧造窑场，品种异彩纷呈，其中，以汝窑、官窑、哥窑、钧窑、定窑五个窑口的产品最负盛名，后人将其称为"宋代五大名窑"。

　　湖泗街道地处江夏区境东南部，毗邻梁子湖，是典型的江南水乡。"镇内有四座大桥，桥下湖水常流如泗"，湖泗也由此得名。莹润柔美的青白瓷，是湖泗最具特征的文化符号。

"湖泗瓷窑址群"标识碑

楚天首县：江夏非物质文化遗产概览

湖泗街道下浮山村，坐落在一片绿意盎然的竹林中，历史上，那些精美的瓷器在历史的变迁中成了碎片，安静地散落在山脚、田边、树下，忠实记录着逝去的岁月。

自古以来，在湖泗民间一直口口相传着这样的民谣："梁子湖九十九个凹(塆)，九十九座窑""上浮山，下浮山，中间有个夏祠湾"。然而，一直以来，因为缺乏实物资料的佐证，这些民谣的真实性遭到了很多专家和学者的质疑。

幸运的是，1974年，考古工作者在文物调查的过程中，首次在江夏区湖泗夏祠村发现一座窑址。该窑址的发现，填补了长期以来宋瓷研究中"湖北地区无古代瓷窑"的空白，为古代陶瓷研究提供了翔实的实物资料。

考古研究成果表明："湖泗瓷窑址群"初创于晚唐五代，后历经长期发展，一直延续到元明时期，真正成熟于宋代，其规模庞大、数量众多、分布密集，其制瓷业的存在和发展为两宋时期经济重心的南移提供了具体

164

湖泗窑瓜棱执壶和青白釉碗

带有菊瓣装饰题材的碎瓷片

湖泗窑青白瓷六管瓶　　　　　　　　　　　　湖泗窑影青瓷弈棋瓷枕

例证，也为研究长江中下游地区瓷窑址的文化堆积层次、窑体结构与营造方法、瓷器烧造工艺流程、青瓷与青白瓷器的类型等提供了丰富充足的典型实物例证和科学依据。

　　迄今为止，湖泗已发现大小窑堆180处。其中，夏祠村的"夏祠窑"和浮山村的"浮山窑"最具代表性，是经典的南方宋代民窑，产品以青白瓷为主，种类比较丰富。2001年6月25日，"湖泗瓷窑址群"被国务院公布为第五批全国重点文物保护单位。它的分布范围南北长40公里、东西宽30公里，窑堆总面积达50万平方米。

　　梁子湖是湖北省的第二大淡水湖，生态清新自然，湖岸线蜿蜒曲折。古代的梁子湖水系与长江相通，凭借得天独厚的瓷土资源和长江水域地理优势，湖泗窑青白瓷渐渐打出名气。烧制好的瓷器，被送上货船，运送到全国各地，甚至漂洋过海，远销国外。

　　考古专家们对湖泗窑出土器物进行分析后认为，梁子湖系的产品以青

代表性传承人胡本军　　　　　拉坯　　　　　　　　　利坯

白瓷为主,器形有碗、盏、盘、碟、壶、罐、高足杯、瓶、粉盒、枕等。装饰手法有刻划法和画线法。浅双线弦纹装饰,多用于执壶的肩腹部外壁。以刀刻线作轮,其间饰篦纹,其技法十分娴熟,线条纤细流畅,多用于碗、盘等内壁,少数施于器外壁。装饰题材有卷草纹、波浪纹、蝴蝶纹、婴戏纹、菊花纹等装饰纹样,带有浓厚的江南水乡气息。装烧方式则为一匣一器叠烧。

斧头湖系的产品则以青瓷为主,主要烧制民间实用器,所用瓷土质量较差,器物多为褐红胎,胎壁较厚,以烧制青瓷或釉陶的碗、盘、碟、平底钵、擂钵、带流罐为主,还烧制炉、熏、壶、瓶、烛台、坛、缸等器物。其中擂钵、方形缸、炭炉、花钵等为其他窑口所少见。

斧头湖系的青瓷产品纹饰比较简单,多数通体素面无纹饰,仅在罐类器的肩部施一周四弦纹,在熏炉等工艺要求较高的陈设器上,使用镂空透雕技法。其装烧方式为明火裸烧,与梁子湖窑装烧方法不同。

非遗传承人胡本军从小就在湖泗窑附近长大,长期浸润于湖泗窑陶瓷文化当中。他说:"我家里四代人传承做窑,我们土话叫'烧窑'。我爷爷那一辈烧的还是柴窑,主要出一些生活必需品,比如说土坛子、灰砖,用的是传统馒头型窑炉。后来随着技术革新,到我上高中的时候就用的是煤窑了。"

窑址所在地发现的破碎瓷片

十多年来，胡本军坚持自筹资金，四处收集湖泗窑标本，坚持以古为今用的原则，在湖泗窑青白瓷的复烧和创新方面不断尝试。

湖泗窑陶瓷制作技艺沿袭古法，需经过瓷土采集、釉水配置、泥料陈腐制作、手工拉坯、画坯、上釉、烧制等72道工序。"青如天，明如镜，薄如纸，声如磬"，造型精美古朴，是融合"南青北白"艺术风格的具体体现。

胡本军介绍说："手拉坯之后，要让坯体历经足够时间的自然阴干，既不能烤也不能晒。然后通过两次修坯，进行刻花装饰、上釉，再入窑烧制。经过1000多度高温的窑炉烧制，基本就已经瓷化了，等它完全冷了之后才能开窑。开窑之后，一个产品的整个步骤就完成了。"

胡本军在传承古法的基础上，还融入了多项新工艺，如影青线雕、半刀泥、镂空雕等多种独特工艺，在保持唐宋风格和青白瓷特征的同时，将荆楚地域文化融入瓷器设计制作中，出产具有实用性、艺术性和创新性的新产品。

楚地菖蒲造景艺术

李 黎

正宗菖蒲〔左〕、金钱菖蒲〔右〕

通过器物与植物的搭配孕育出别样的意境

菖蒲的"林泉之志"

　　来自山间的菖蒲，采山川之灵，纳日月之华。它不争世俗，澹泊素处，无趋炎媚俗之姿，有君子清流之风，为历代文人墨客所钟爱。

　　菖蒲耐苦寒，最适合生长在清水石畔、沼泽湿地或湖泊浮岛上，因此遍布荆楚各地。从鄂东黄梅，到鄂西山区；从鄂南蒲圻，至鄂北汉江两岸；到处都有菖蒲的身影。湖北境内的京山市和咸宁市崇阳县、宜昌市五峰县都有着以菖蒲命名的村落。而原名蒲圻的赤壁市，就是长满菖蒲的丘陵。屈原秭归颂蒲，苏轼黄冈植蒲。菖蒲造景制香，历史悠久，材料取之不竭。

　　香药同源，以菖蒲入香由来已久。菖蒲作为香料的文字记载，最早见于春秋战国时期的《楚辞》，荪（石菖蒲）与兰草、零陵草等一并作为香料，在屈原的诗歌中被反复吟诵。湖北端午节的传统习俗有很多，家家户户悬挂的菖蒲艾蒿，是后人对屈原的纪念，也是对菖蒲崇高人格精神的认同。

菖蒲是中国文人案头的清供

　　明代著名医药学家李时珍在《本草纲目》中记载了药物一千八百多种，方剂一万多个。在其草部中，李时珍搜集整理了历代医书对菖蒲的记载，包括宋代苏轼《石菖蒲赞并叙》中的经典词句，全面介绍了菖蒲的品种、药性、香味以及药方的记录。菖蒲全株辛香，根茎叶全部可以用于制作香品。

开设公益讲座讲解菖蒲造景技巧

与菖蒲对话是朱长虹生活中最大的乐趣

清香袅袅飘幽馆

非遗传承人朱长虹平时喜好种花养草，尤以菖蒲为最爱，人称"朱菖蒲"。在她的草沐堂院内，不仅精心种植了千余盆菖蒲景观，还展示了菖蒲制作的香囊、香牌、线香、盘香等香品，以及湖北当代名家的菖蒲主题书画。坐下来品着香茗赏蒲，顿觉时间慢了下来，抬眼可见山水、见自然，心情也随之变得闲适。

"多忘昏昏久废书，闲来石上采菖蒲。"朱长虹的菖蒲盆景作品素雅拙朴又生机盎然，承载了丰富的中国传统文化，颇受藏家推崇。朱长虹出生于书香世家，祖父和曾祖父先后开过私塾授课，每逢闲暇，热衷于植蒲置于几案之上。父亲朱尧天受其感染，深爱此好。去世前，朱尧天也曾指导朱长虹查询有关古籍，提升菖蒲造景技巧。

朱长虹的主业是书画经纪人，平时因为工作关系，她经常与一些著名的艺术家交往沟通，身边好友也多为古玩字画藏家和考古专业人士。多年来，她四处拜师学艺，从盆景构图、造型到器皿搭配，得到不少高手的点拨。这些年来，朱长虹探寻江夏乃至湖北菖蒲的生长状况，潜心搜集整理了大量从未被前人发掘的与菖蒲文化有关的资料，写作并出版《菖蒲盆景种植养护艺术》一书，总结菖蒲的历史文化，弘扬菖蒲精神，推广古法菖蒲造景技艺。此外，她也曾多次受邀前往上海、广州、太原等地，不遗余力地推广"楚地菖蒲造景艺术"。

菖蒲喜爱阴凉的环境

黄金姬菖蒲

菖蒲种植有诀窍

古人赏蒲有雅趣，植蒲也有要领。如《二如亭群芳谱》记载养护菖蒲的口诀有："春迟出，夏不惜，秋水深，冬藏密。"时至今日，环境、气候以及人们的居住条件都发生了很大变化。对此，朱长虹认为，想在城市里种好菖蒲，让菖蒲拥有较好的品相，首先还是要懂得菖蒲的习性，给予它适当的照顾才能使其花繁叶茂。

根据气候环境和菖蒲的植物属性，朱长虹主要采取土养和水培（附石）两种方式。菖蒲喜欢潮湿多水的环境，根须亲石，因此，最为适合的植料应该疏松、透气，利水又保水。经过多年种植实验，朱长虹发现，花园土、泥炭土和珍珠岩三合一的植料是菖蒲种植较为理想的选择，相对颗粒土，该组合植料价格低廉，长期使用成本也不高。

菖蒲气质清雅，国内菖蒲品种中，虎须以及金钱菖蒲比较秀气，适合室内陈设；花边、胧月、水菖蒲和石菖蒲生性粗放，适应能力强，四季常绿，适合在户外湿润和阴凉处大量绿化种植。她还建议，人们选择种植菖蒲的器皿时，要考虑质地和大小，更要注意气韵一致，颜色协调，造型独特。比如，紫砂盆不挂釉而富有光泽，适合摆放在书房、会所等地，搭配红木家具和茶席，古色古香，素雅大方；瓦盆排水、透气性好，适合种植山野之气浓厚的石菖蒲，而且瓦盆容易长出青苔，别有一番韵味；残缺的古砖、老瓦、枯木甚至老匜钵，只要透气保湿，都可以与菖蒲为伴。

光阴荏苒，朝暮匆匆。在快节奏的生活里，但愿更多人能够回归本真，在菖蒲香中拂去一身疲惫，重拾闲趣时光。

山坡河垴烧制作技艺

李盈好

山坡街位于武汉市江夏区南部，东临梁子湖，西靠斧头湖，交通四通八达，是武汉市的"南大门"，辖区内有山坡、贺站、保福、河垴四个村落。境内山岭星罗棋布，水域交错复杂。古时因地势高耸形似龟背，得名"山陂"。

所谓一方水土养育一方人，山坡人以性格豪爽耿直著称，酒文化源远流长。以往农闲时节，大家走家串户上桌吃饭的时候，无论男女也都能喝上几杯，一桌子人其乐融融、热热闹闹的。在酒桌上，山坡人的劝酒词诙谐有趣："酒是粮食精，越喝越年轻。""男人不喝酒，枉在世上走；女人不喝酒，小心要变丑。"

有意思的是，很多村民一般只喝当地酿制的河垴白酒，对其他品牌的白酒并不"感冒"，还将其称为"江夏小茅台"。河垴白酒属于原浆粮食烧酒，它的特点是醇和浓郁、味长回甘。

山坡街河垴社区有一个远近闻名的小酒坊，凭着对酿酒技艺的一腔热血，刘家父子二人继承传统经验，形成了一套科学的酿造方法，酿出风格独具的河垴白酒。

1972年，19岁的刘自林开始跟随师傅学习酿酒过程。然而在酿酒、卖酒的过程中，他发现自己酿出的酒没能得到大多数人的喜爱，因此，爱琢磨的他开始大胆进行技术改造，推陈出新。经过改进后，喝过酒的客人认

为，他做出的酒浓香醇正，口感类似茅台。

刘氏酒坊的第三代传人刘欢欢，大学毕业闯荡几年后，回家继承了父亲刘自林的酿酒技艺。从小在父亲身边耳濡目染，刘欢欢接手酒坊生意后，很快就开始独当一面。

如今，刘欢欢的手艺已经炉火纯青。他在坚守祖辈技艺的基础上，进行了全面优化，尝试把酿酒程序中的各个指标固定下来，得以持续酿出品质优良的河垴白酒。"最开始我们是在水泥地上摊凉，遇到下雨天和阴天，地板容易返潮，改用了杉木板之后，它的吸水性比较好，降低了回潮率，不仅有利于出酒率，口感也更好。"

酿酒的过程一刻都离不开水，而斧头湖赋予了河垴白酒得天独厚的水土和自然环境条件。刘欢欢说，对原材料甄选的严苛，是关键的源头环节，也是制作的核心。

在制作时，刘欢欢会选择东北优质高粱和本地斧头湖出产的早稻为原料，首先把高粱浸泡24小时，捞出浮渣，再加入稻谷，按照7∶3的比例混合配比。"泡的时候，需要按一层稻谷一层高粱的方式进行简单预混，混合后的高粱和稻谷还需要浸泡12小时进行初蒸。"

蒸煮粮食的作用，是为了充分吸收水分，便于后面的糖化和发酵。初

代表性传承人刘自林

刘自林、刘欢欢父子讨论制作工艺

刘欢欢整理酿酒材料

摘酒

蒸馏

蒸的关键在于掌握火候，必须先蒸一段时间，等冷却池的水温达到一定温度以后，才可以开水让蒸汽循环流动，初蒸的时间一般在一个半小时左右。初蒸的目标是让原料烹开，也就是泡开花，如果水池的水温高一些，浸泡时间就短，如果水池的水温低一些，浸泡的时间就长一些。开口的原料一般膨胀一个半小时到两小时就可以了。

预混就是把开好口的原料有效混合在一起。一般初蒸后的原料，上层的会偏硬，中间往下的会软一些。把上层偏硬的粮食倒到甑子最底部铺平后，再把中层偏软的放进去进行二蒸。

二蒸就是把粮食全部蒸透，使其淀粉糊化，开口程度越好，越有利于淀粉酶发挥作用，还可以杀死杂菌，"我们蒸煮的要求为外观蒸透，熟而不黏，内无生芯就可以，一般蒸一个半小时左右。"

蒸熟的原料需要取出来摊凉，使原料迅速冷却达到微生物生长的温度。天冷的时候就利用自然风降温，天热的时候需要用电风扇进行初次降温，正常的时候需要来回翻动三次，达到一定温度才能上酒曲。它同时还可起到挥发杂味、吸收氧气等作用。一般来说，一百斤粮食需要一斤左右的酒曲。

糖化可以说是粮食转化为酒的第一步。糖化一般需要20～22小时。粮食经过充分糖化后，打开降温，达到一定温度才能将其入缸发酵，让糖分慢慢自然转化为酒精。上缸后当天不封口，第二天才封口。

发酵是在酿酒整个过程中很重要的一部分。封缸后三至四天，需注入一定的水降温，刘欢欢介绍说，这叫"水做法"。注水之后，再次密封发酵，发酵的时间一般是7～15天。发酵好的酒料就可以取出蒸馏。蒸馏时要掌握"缓火馏酒，大火蒸粮"的原则，摘酒时，以感官品尝判断酒质，

斧头湖水波清冽

切实做到边尝边摘。

经过多道复杂工序酿造而成的河垴白酒香气持久，入喉净爽，绵长醇厚，那熟悉的滋味早已融入江夏人的记忆中，成为割舍不下的浓烈乡愁。

荆楚刺绣技艺

李盈好

虽是数九寒天，徐凡的工作室内却暖意融融，不时传出轻言细语，徐凡正在指导学生修改一幅绣品。

室内陈设简单不失雅致，徐凡用自己绣出的屏风、靠垫、绣片等作为软装。"荆楚刺绣是宫廷绣种，融汇南北诸家绣法之长，应用范围很广泛。在立足传统的基础上，我想让传统手艺融入生活，重新焕发出活力。"她说。

墙上，有一幅《孤独的狮王》，看上去像是油画，另一幅《傲荷》则水草飘逸，红荷婀娜，如同写意空灵的水墨画。徐凡以针代笔，用

《孤独的狮王》结合运用了多种针法

一种名叫"飞针绣"的手法使传统荆楚刺绣语言，呈现出令人叹为观止的极致之美。

母亲是她的启蒙老师

　　徐凡生长在鄂西山区竹溪县偏头山下的一个小山村，这里是一处山清水秀的秦巴秘境。在她的记忆中，由于地处偏远，交通闭塞，村里的妇女只能整天围着灶台和地头转。一有空闲，她们就会坐在树下说说笑笑，一针一线地绣着鞋垫上的花样，每周送到离家20里地的集镇上售卖，虽然赚的钱不多，但也可以用来贴补一下家用。

　　作为荆楚刺绣技艺的第四代传承人，徐凡和两个妹妹从小就师从母亲潘明英学绣活。徐凡母亲的绣活手艺在十里八乡都是响当当的，很多人置办嫁妆的时候，都会请绣娘绣枕头、被面等。小徐凡每次看到母亲手握绣花针左刺右挑，上下翻飞，就格外眼热，经常站在绣架旁边，央求母亲抽空教自己几招基本针法。功夫不负有心人，几年时间下来，她对绣花针的运用已是游刃有余了。

　　虽然没有学过绘画，但徐凡对色彩的感知却很有天赋。她并不满足于传统刺绣的题材，对着院子里的指甲花和喇叭花，她随心所欲地绣着，在绣架前，经常一坐就是好几个小时。

代表性传承人徐凡

桑蚕丝线是手工刺绣的常用线

精品需要慢工打磨

随着年龄渐长，徐凡有了自己的新目标：走出大山，看看外面的世界。16岁那年，凭着不怕吃苦、敢闯敢试的劲头，徐凡用编织袋背着自己绣的鞋垫、手绢和虎头鞋，只身一人找到武汉的汉正街批发市场。

为了生存，徐凡摆过服饰摊、开过餐馆。在武汉站稳脚跟之后，她没有放弃心中的热爱，不仅回到校园研习了服装理论制作工艺，还参加了湖北省和武汉市首届荆楚刺绣高级研修班的深造，她的画活、配色、刺绣针法与技巧都有了很大提高。

因为纯粹的热爱，徐凡没有后悔过自己的选择，更没有停止过前进的脚步。工作之余，她一直在全国各地寻访名师，与同行交流学习，从诸多刺绣名家那里获得了很大的补益。

"慢工出细活"是她始终坚持的创作原则。完成一件高定刺绣旗袍，绣娘们至少需要三个月，而她和团队一起创作的抗疫主题作品《春临武汉》已经用了两年时间，还没有最后完工。

劈丝，是每个专业绣娘的基本功。"这种桑蚕丝线，我在绣动物皮毛的时候就只用了一丝，突出层次感和细腻感。"徐凡指着自己正在创作的新作《考拉瀚恩》介绍说，传统荆楚刺绣的图案、色彩千变万化，但在绣制人物的头发、动物的羽毛这些难度较大的作品上表现力较弱，没有飞针绣灵活逼真。因此，在这幅作品中，她运用了飞针绣和失传已久的游针绣，考拉的神态显得惟妙惟肖，呆萌可爱。

功夫不负有心人。近年来，徐凡的刺绣作品多次参加国内外大赛并获奖，多幅精品被资深私人藏家收藏。

刺绣改变了徐凡的人生轨迹，她又用刺绣影响了更多人。2010年，徐凡在江夏区创办了"徐凡荆楚刺绣轩"，2016年成立了"武汉大亲爱文化有限公司"，专注定制高端旗袍、手绣礼品、新中式壁布。徐凡还建起荆楚刺绣工作室，常年招收学员。不少农村妇女和下岗女工参加技艺培训后变身为专业绣娘，开始了崭新的生活。在她培养的十几名优秀徒弟中，高丽、刘承兰、徐婷、李玲霞等人曾先后获得两届中国（凯里）银饰刺绣博览会颁发的金、银、铜奖。

《傲荷》（局部）完美呈现了楚绣技法的创新

老手艺注入新创意

徐凡介绍说，荆楚刺绣是展示楚文化的一个生动载体，真实记录了楚人特有的精神世界和思维方式。

楚国的刺绣实物，在湖南的长沙、湖北的江陵等地都有发现。1981年，江陵马山砖瓦厂一号楚墓出土的衣物共35件，其中保存完好的刺绣品就有21件，品种之多、工艺之精可以说是前所未有，这也为研究楚国的刺绣工艺提供了宝贵的资料。

据相关史料记载，荆楚刺绣的起源可以追溯到春秋战国时期，人们以普通的绢、锦等丝织品为绣地，用多种刺绣技法，描绘出一幅幅栩栩如生的荆楚刺绣品。当时，楚国的刺绣品声名远扬，甚至远销中亚波斯和西伯利亚地区。

楚国曾经设置专司丝织刺绣的机构"织室"，其中的艺人后因战乱流入民间，荆楚刺绣技艺得以在百姓中代代传承。

徐凡认为，楚人一直保持着浪漫主义的想象力，这在荆楚刺绣的纹样图案中得到了充分展现。与四大名绣相比较，荆楚刺绣作品显得更为明快大方、热情绚丽。

"老师们给了我很大的启发，我领悟到刺绣要把绘画的美学、摄影的光影变化、透视与色彩的表现手法融会贯通。这也为之后新品开发打了一个基础，我就顺着这个思路继续开发市场上需要的产品。"作为新生代传承人，徐凡在继承传统的同时锐意创新，经其改进以后的荆楚刺绣技法展现出了全新的风貌，令人耳目一新。

香云纱的手拿包

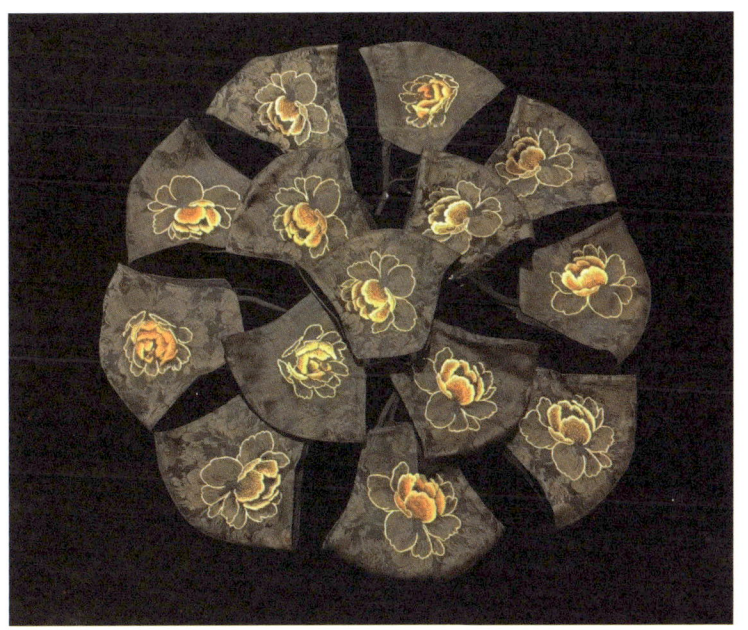

香云纱的口罩

徐凡大胆尝试突破自我，使用草木染的方式亲自染制棉线，再加上适量的草木灰进行固色处理。除了使用棉布、麻布、丝绸，她还尝试使用龟纹香云纱、重缎喷绘香云纱、绢纺纱、香云纱等各种新型织物。在针法上，她不仅继承了荆楚刺绣的传统针法，还创造性地运用飞针绣、游针绣等技法，以及灵活采用压、织、锁、扣、盘等针法来塑造绣面，使绣品拥有油画般的肌理质感，色彩层次更加丰富绚丽。

传统的荆楚刺绣纹样以花鸟、鱼虫、传说人物以及吉祥图案为主，徐凡没有固守传统题材，而是见山绣山，见水绣水，绣幅面积上由小件扩展到大幅作品，引导荆楚刺绣艺术走向时尚化、个性化、多元化。

与此同时，一系列融合了手工刺绣的饰品和文创产品应运而生，如披肩、包袋、香囊、书签、化妆箱等。这些产品价格适中，方便携带，适合大众消费，同时又融入了荆楚刺绣的传统技艺，深受市场追捧。

《春临武汉》（局部）麦穗针法绣品

湖泗豆腐角制作技艺

惠　雯

据明代医药学家李时珍在《本草纲目》中记载："豆腐之法，始于汉淮南王刘安"，并详细介绍了豆腐的制作方法。古往今来，豆制品一直在中国老百姓餐桌上扮演着重要角色，做法也千变万化。

小小的湖泗街，位于武汉市江夏区东南部，东承大冶市西畈乡高家河，南接咸宁市双溪镇、贺胜桥镇，西倚江夏山坡街贺站社区、保福社区，北临梁子湖，是名副其实的"口子镇"。这里四季分明，青山如黛，池塘水库星罗棋布，茂盛的树林和楠竹随处可见。由于地处偏远，青壮年基本都外出务工，留守在家的大多是老人和孩子。

代表性传承人张保鸿

湖泗人历来以种植花生、黄豆等作物和苗木为生，出产的黄豆颗粒饱满，蛋白质含量高，加上临近梁子湖，用优质水做出来的水磨豆腐，特

194

菜籽油是炸豆腐角的黄金搭档

炸好的豆腐角焦香酥脆

别洁白细腻，别具特色。

豆腐存放时间长了容易变质或者口感会变差，不过，主妇们很快就发现，豆腐块经过油炸之后，保存的时间更长，而且外酥内软，咬上一口，满嘴浓浓的豆香。因此，当地流传着一首民谣："湖泗豆腐角，客来必上桌。看似黄金块，吃是不老药。"

据传，元末明初，群雄并起，连年战乱，农民起义领袖陈友谅占据江西、湖广之地后，率六十万水军与朱元璋在鄱阳湖展开决战。当大军雄赳赳、气昂昂途经江夏的时候，湖泗人特地赶制出三角形的豆腐角慰问将士，寓意战旗飘扬，大军能够凯旋。

湖泗豆腐角为什么好吃？自然离不开百年传统的制作手艺。

俗话说："世上有三苦：撑船、打铁、磨豆腐。"豆香萦绕中，做豆腐角的手艺人每天一睁开眼就是一天的忙碌。制作湖泗豆腐角必须选用口感结实、豆味浓郁的水磨豆腐。按照传统工序，得选用湖泗特产蜂蜜豆提前浸泡一个晚上，再反复清洗干净磨浆，沥净豆渣，用石膏卤水点浆，才能做出口感有弹性和韧性的老豆腐。

豆腐角制作的菜品风味十足

接下来，再将精心选出的老豆腐用刀对角划开，切成三角形备用，放在竹匾上沥去水分。之后，把已经沥干的豆腐块轻轻滑入油锅内进行烹炸，同时用竹筷适时翻动，待颜色炸成金黄色时，再取出把油沥干。用菜籽油煎炸好的豆腐角，特别耐煮，口感也很有弹性。

用豆腐角做菜讲究的是一个"煨"字，放入锅中水煮40分钟左右后调好味，再连汁带汤放入小水缸盖好，围上炭火"煨"3个小时，淋上麻油，刚起锅的豆腐角装盘后趁热吃，一口咬下去，外酥内软，鲜香味十足。

关于湖泗豆腐角的吃法，最经典的莫过于做合菜面。在当地人看来，缺少了豆腐角的合菜面是没有灵魂的。他们一般将豆腐角切成丝和荤素各色菜品进行搭配，再加上炒熟的面条和卤汁一起烩制。因此，可以说，湖泗豆腐角与合菜面其实是同宗同源，互相成就，成为当地人桌上必备的美味佳肴。

当然，也有人喜欢豆腐角当成小吃零食，加上一碟辣椒酱佐食，豆香融合着辣爽劲，解馋且不油腻，开胃诱人。逢年过节，湖泗人相互走访会特地买一些豆腐角作为年礼，用于馈赠亲朋好友。

湖泗合菜面制作技艺

惠　雯

湖泗街原名湖泗桥，据《江夏县志》记载："早年有大沟湖水直达镇头，木船可经梁子湖通往长江，镇内有四座大桥，桥下湖水常流如泗。"湖泗桥由此而得名。所以，"湖泗"之名便一直沿用至今。

在当地农村，每逢操办红白喜事，村民都会在自家院子里搭棚子、摆桌椅，支起炉灶，摆农家宴接待四面八方的亲朋好友。桌上菜肴的食材大多是农家自产的，小到用老豆腐炸成的豆腐角、糯米做的绿豆粑，大到合菜面、粉蒸肉、土鸡汤以及梁子湖的湖鲜鱼虾，这些美食饱含浓浓的乡情，让外乡人也能体验到湖泗的风土人情。

代表性传承人吴连英

对湖泗人来说，席面上的那道合菜面不仅是农家宴席上不可缺少的一道大菜，更是妈妈味道的再现之菜。他们虽然天天吃、月月吃、年年吃，却总是百吃不厌。不少外出打拼的湖泗人，回老家吃的第一顿饭必定有合

菜面，不吃得醋畅淋漓都不肯罢休。难怪有人说，没有什么会比味觉的偏执更能体现对故乡的热爱了。

做合菜面其实是有点讲究的，常见的材料有面条、豆腐角、芹菜杆丝、榨菜丝、黄花菜、红薯粉、肉丝等，其中的面条最好能够选择采用当地自产的挂面。

合菜面的制作工序看似简单，其实非常考验耐心。其做法是将面条放入大铁锅中，在柴火灶上用文火炒熟后起锅，将炒好的面条放入锅中加适量水煮熟，再倒入各种配菜、卤汁一锅烩，最后加上佐料，根根分明、鲜香十足，简直就是人间美味。如果用一句话来简单概括它的特点，那就是：种类多、分量足、味道鲜。其中，面条火候的掌握与煮制卤汁是否均匀，将影响合菜面的口感。

最值得一提的是，大盘的合菜面就如同湖泗人一样，大方又实在，深受百姓喜爱。在走亲访友、逢年过节时，主人一定会用大盘把合菜面装得满满当当的拿出来分享，以显示出自己的好客和热情。而那些做合菜面手艺精湛的主妇，常常被周围人交口称赞。

合菜面的精华就在于虽然用料普通，但各种食材经过烩制后，味道充分融合到了一起，正所谓：菜"合"味"合"。虽说有些其貌不扬，但胜在口感醇厚，面条有嚼劲，加上一热胜三鲜，让人就算有点烫嘴也不忍停下筷子。不过，遇到胃口小的人，这道"硬菜"真的是尝两口就饱了。

关于合菜面的由来，民间众说纷纭，流传着不同的故事传说。相传，明朝末年，北方连年大旱，粮食产量锐减，很多地方颗粒无收，当时民变四起，天下大乱，一场大规模的瘟疫更是席卷了大江南北。随着饥馑之年的到来，湖泗一带的许多人家也相继断粮，饿死和病死的人不在少数。

湖泗有个悬壶济世的老郎中，他时常身背药箱，走乡串户给人治病，因为医术高明，鄂南一带也时常有人慕名过来请他。老郎中不忍心看百姓受苦，为了帮助大家应对饥荒，他绞尽脑汁。在他的号召下，大家上交仅存的粮食归公，由他带人上山四处寻找

合菜面

药草和野菜，然后把它们与各种粮食混合在一起做成大杂烩，当成主要口粮。于是，合菜面的做法应运而生。所有人都勒紧了裤带，每天只吃一餐，在这种半饥半饱的状态中，最终齐心协力熬过了灾年，得以保全性命。

另外，还有一个比较令人信服的说法：明朝洪武年间，开国元勋刘伯温奉旨到湖泗一带赈灾，一路上救济百姓，惩处贪官污吏，当地百姓对他感恩戴德。临行时，有的人家拿出了面条，有的则拿出红薯粉、豆腐角等，大伙儿将杂菜烩在一起做出了一道菜。刘伯温吃完以后赞不绝口，称为"伙菜面"，当地人取其谐音，逐渐演变为"合菜面"。

后来，这个历史传说伴随着合菜面流传至今，在湖泗家喻户晓。随着人民生活水平的逐渐提高，合菜面里面的食材种类也日益丰富起来。几百年过去了，不论是因为这个传说，还是湖泗人智慧的结晶，在岁月四季的轮回里，合菜面已然成为湖泗美食的代表，更是宴席中不可或缺的大菜之一。

安山柯家酒制作技艺

张　裕

凌晨5时许，天还没亮，24岁的柯进来到武汉市江夏区安山街的酒坊里。掀开发酵缸的封盖，已经发酵多日的稻谷散发的香气扑鼻而来。

当天，柯进的第一项工作，是把发酵后的稻谷，从发酵缸里搬到炉灶上的酒甑里。酒甑可容下700斤稻谷，一桶稻谷重约10斤，来回要搬运70余次，对于年轻的柯进来说是不小的体力消耗。仅这一道工序，他就忙碌了一个多小时。完成这项工作，柯进累得满头大汗，他

代表性传承人柯进观察酒花

顾不上清晨的凉意，脱掉了外套。之后，柯进点燃炉火，开始蒸麦。炉火熊熊，映红了他年轻的脸庞。

作坊外，摆着一套网络直播设备。柯进告诉我们："为了打开销路，有时候我会直播酿酒过程，让网友们对我酿的酒放心，也可以让大家了解古法酿酒到底'古'在哪里。"

蒸完稻谷，已是下午1时许。柯进一边准备酒曲，一边讲述自己为什么会走上酿酒之路。

柯进家从事古法酿造纯谷酒多年。少年时，他的父亲便不幸去世。母亲体弱多病，哥哥重度残疾，从上初中开始，柯进就帮着爷爷酿酒来赚取家用。

2014年，柯进考上长江工程职业技术学院，并选择了汽车技术服务与营销专业。他开玩笑说："现在我把'汽车技术服务'都忘干净了，'营销'倒是记得特别清楚。"

在大学里，柯进一点都没闲着。努力学习之余，他还在校内勤工俭学。每周五下午，他都要回家帮着酿酒，直到周日晚上才返回学校。"毕业吃'散伙饭'时，才吃到一半，我接到家里的电话，不得已提前赶回家帮忙。到现在，我对这件事还觉得很遗憾。"柯进说。

大学毕业后，柯进从爷爷的帮手，变成了家里的主要劳力。他利用学到的知识，慢慢更新了家里的酿酒器具，并开始尝试互联网营销。

曾经，柯家酿造的原浆酒只在安山一带销售，走不过区，出不了市，跨不出省。从2015年开始，柯进在微信朋友圈里推广销售。原浆酒搭上互联网的"顺风车"后，不但销往湖北省内所有地方，还远至北京、上海、广东、青海、山西、内蒙古等地。

柯进的爷爷柯希财，已经年过八旬。老人家酿了一辈子酒，对自己的手艺很有信心。俗话说："酒香不怕巷子深"，他对网络销售不感兴趣，还担心成本增加等问题。

不得已，柯进只能瞒着爷爷，找人定制酒壶，从低端到高端，满足不同客户群的需要。古色古香的特色包装，也让原浆酒更有个性。销量很快从原来一年几千斤上涨到近2万斤。不过，一直到有了回头客，他才把这一切告诉爷爷。

柯希财感叹："我这辈子做梦都没想到，自己酿的酒可以卖那么远，

粮食起甑 粮食上甑

起盖观察粮食熟透度 粮食翻甑

还受到大家的喜爱。年轻人有想法是好事，以后销路就靠柯进了，我负责把好质量关就行。"

古法酿酒的每一道工序都要亲力亲为、严格把关，不能偷工减料。柯进会仔细甄选上等的稻谷和优质的高粱做原料，经过浸泡、清蒸、下烹、拌曲、上缸、发酵、蒸馏等系列传统流程。这些流程可以更好地保持原料、水质、温度、酒曲的最佳状态，这些因素也决定了柯进酿出来的原浆酒不仅味甘醇美，也余韵悠长。

如今，柯进成了江夏区生态原浆酒制作技艺非物质文化遗产第三代传承人，他家的古法酿酒也有了一个好听的名字——安山柯家酒。

柯进对我们说："我现在喜欢酿酒，不光是为了生计。亲手把谷子、麦子、高粱等作物变成佳酿，这个过程非常神奇，也充满了乐趣。"

金口烧腊制作技艺

丁逸枫

金口地处长江中游南岸，交通便捷，得天独厚的地理优势使其在明清时期繁盛一时，成为来往货船、商贾停泊过夜之地，是鄂南一带县市的商品集散地。

听当地老人回忆，早年长江水运发达，金口是一个重要的码头，来往武汉的船只多会在这里停靠，上下客商歇息换乘，因此素有"先有金口后有汉口"之说。

船来船往，人头攒动，码头附近的街巷中，客栈、饭馆、茶馆四处林立，镇上居民大多以此为生。当时的茶馆不仅是喝茶的场所，更是人们的社交空间。来自四面八方的商人会聚在一起议事、叙旧，了解市场行情，搬运工人和船家卸货后也会来这里喝杯茶，歇脚解乏，顺便听曲看戏。为了招揽茶客，茶馆老板纷纷推陈出新，除了提供茶水点心，也会供应一些外卖美食。用荷叶包裹售卖的金口烧腊走的是家常路数，咸鲜合一，十分下饭，深受中下阶层茶客的追捧。

清末民初，时局动荡，手艺人胡宗华夫妇为了讨生活，带着自己祖传的烧腊技艺，离开洪湖新堤老家，顺着水路，来到金口谋生。夫妻俩在金口老街租下一间小店面，开设了烧腊店，取名"桂香斋"。

胡氏夫妇为人厚道，制作的烧腊货真价实。凭借过硬的手艺，"桂香斋"总算在金口站稳了脚跟，不但传遍十里八乡，还随着各地客商的口口

代表性传承人吴华秀

相传，声名远播。烧腊从此成为金口的一道名菜，许多当地人都做起了烧腊生意，武汉三镇的食客也不避路远，专程找到金口一饱口福。

时至今日，最初的"桂香斋"烧腊店已经不复存在，但其制作工艺却传承至今。一提起"桂香斋"的名号，当地的老人仍然津津乐道、如数家珍，一脸的自豪。

由于厨艺的独特性，中国厨艺的传承大多都以师傅带徒弟的形式，进行传承。20世纪30年代初，吴华秀的奶奶韦翠英用"前店后宅"的经营模式，在西街口开了一家烧腊店补贴家用，后来生意日益兴隆，遂在店面挂上"天蓝斋"的招牌。因自己年事已高，韦翠英将手艺传给了媳妇郭福荣，对于卤料的独门秘方也倾囊相授。

吴华秀是"天蓝斋"第三代传人，她的徒弟吴艳群是第四代传人，如今，师徒俩在菜场里开了一家金口烧腊铺子。俗话说："食以味为先。"吴华秀师徒制作的烧腊，食材选用严谨，而卤料更是"天蓝斋"烧腊的灵魂，因此风味独特。

获得母亲郭福荣的烧腊真传后，吴华秀不断精益求精，强调食材必须

烧腊食用前的斩切与食用
时的口感也有一定关联

金口烧腊成品

让人垂涎的金口烧腊

新鲜，火功到位，经常天不亮就要起床处理猪腿、猪头肉、鸡鸭等食材。

吴华秀介绍说，金口烧腊跟其他地方烧腊最大的不同，是它对所用的卤罐有着特殊的要求，那就是卤罐是专用瓦罐，比如卤过鸡的罐，决不容许再卤其他任何肉类，以达到风味不变的效果。其卤汁更是讲究，在制作卤汁高汤时，关键在于精心、细心和耐心，传统做法是将10只肥母鸡褪毛后掏去内脏，洗净后装入卤罐，加水慢火煨成鸡汤。再放入优质酱油2斤、食盐0.5斤和香料包（八角、桂皮、丁香）混合卤煮成汁，增加香气，除掉肉类的腥膻味道。用这种卤料卤制三道后做出的烧腊，鲜香不腻，风味独特。

除了鸡鸭，金口烧腊的主要食材还有猪肉，用卤水做出来的卤香肠和卤猪头肉有肉色红润，以及酥烂香浓、甘香可口的特点。切成薄片后，肉质肥腴鲜美却不失韧劲，如果再蘸一些酱佐食，绝对让人食欲大开。无论是下酒，还是下饭，都堪称一绝，让人大快朵颐。

金口烧腊现已载入《湖北菜谱》，成为江夏区第二批非物质文化遗产。它是江夏大大小小的餐馆、酒楼菜单上必备的菜品，外地游客更是将之视为馈赠亲朋好友的佳品。

传统技艺

207

金口烧鮰鱼制作技艺

李盈好

出生于1973年的谢修文,是一位土生土长的金口人。16岁那年,谢修文在朋友的介绍下,离开家乡到广东学厨和创业,个中甘苦,五味杂陈。

谢修文不仅能吃苦,还善于琢磨。他博采南北众家之长,在时令的变幻中,不断寻找味觉的灵感。随着手艺越来越好,他的日子也越过越滋润。可是外面再好也不是自己的家乡,加上远在家乡的父母和小孩也需要照顾和陪伴,每当万家灯火、夜深人静之时,他愈发想念家乡人和家乡菜。考虑再三,谢修文抱着落叶归根的心愿,决定回家乡发展。

2004年,谢修文在武汉创立了"谢记老金口渔村"的餐饮品牌,他以老家金口出产的鱼鲜为主要食材,信心十足地推出从爷爷那里传承的金口传统菜肴,鸡汤白汁烧鮰鱼、金口生炸丸子以及野藕排骨汤等招牌菜货真价实、处处用心,力求做出最本真的老金口味道,很快便吸引了众多食客帮衬,不少人慕名而来。

谢修文认为,学厨需要勤奋,也需要智慧,必须懂得什么是"不时不食"。中国传统美食文化中,什么时令吃什么,什么时候的食材最鲜美可口、有养生效果,都是大有讲究的。

每年4月到5月,鮰鱼是武汉正当时令的美味佳肴。很多人对楚菜的印象,都停留在比较咸辣、勾芡浓厚的记忆中,其实不然。湖北水域辽

选用土鸡汤烧鱼

阔，河流纵横交错，湖泊星罗棋布，淡水鱼鲜技艺素来以"味"为本，长江鮰鱼制作更是讲求鲜、嫩、柔、滑、爽。

长江鮰鱼，学名长吻鮠，又名江团，是长江"四鲜"之一。鮰鱼平时生活在长江流域部分江段的深水区，那里不仅水质条件好、天然饵料多，而且水温差别大。每年春季，鮰鱼会沿长江洄游并觅食，往往水流湍急处的鮰鱼因运动量大，脂肪含量少，肉质紧实而最为鲜美，柔嫩刺少、久煮不烂，这就是自古以来武汉江夏区金口出产的鮰鱼被视为上等鮰鱼的原因。

近年来，为落实长江大保护、打造美丽长江经济带，长江流域实施了重点水域禁捕的规定，因此，谢修文餐馆里选用的鮰鱼都出自流水槽鮰鱼养殖基地。这种养殖基地模拟了野生环境的水温和流速，出产的鮰鱼肥腴结实，鲜嫩不腥，经得起"文武火"的双重考验。

谢修文介绍说："金口这个交通重镇的商业曾一度繁荣，中华人民共和国成立前，老街上的私营餐饮业逐渐发展成一定规模。其中以万庆、华盛、鸿宾、惠宴等酒楼生意最为兴隆，金口土菜由于味道独特纯正，渐渐在武汉做出了名气，其中有一道招牌菜即为烧鮰鱼。鮰鱼的做法多样，有红烧、白汁、干锅、酱汁焖、清蒸、豉香蒸等做法……各家都有各家的风格，而同一道菜，在不同的大厨手里，也会有不一样的味道。"金口烧鮰鱼的做法属于白汁烧鮰鱼，而谢修文花了30年时间才调得其中的火候，烧得一手正宗的老金口味道。

由于原料上乘，金口烧鮰鱼的制作力求"简快"：先将鮰鱼洗干净后，再在鱼尾10厘米处下刀，斩断大骨，悬挂放血5～8分钟，这样可以使鮰鱼肉质晶莹不发红；此时去除鱼鳃和内脏，鱼肉切段；锅烧热下入凉油，凉油分三次加入，起到润锅的作用后将油倒出，这样煎鱼的时候不会粘

传
统
技
艺

挑选 2～3 斤的养殖鮰鱼

锅；加入猪油化开，鱼块下锅；这个时候不要翻锅，让鱼块在油中煎，1～2分钟后轻微晃动锅，鱼块能在锅中滑动，则加入姜蒜粒煸香；加入热水继续大火烧到汤色发白，加入盐、鸡精、糖、白醋等调味料，改小火慢炖，最后加些许胡椒粉和香葱，大火收汁装盘。选用猪油来炒是因为猪油中含有微量的特殊蛋白质和甘油酯的分解产物，饱和脂肪酸的含量相对较高，而这些物质是不容易溶于水的，乳化后，鱼汤会呈现出奶白色。

谢修文说，金口烧鮰鱼想要烧得鲜嫩滑爽，还有三个实用但不为人知的小窍门：一是鮰鱼的鱼身上有一层黏液，放血完毕后的鮰鱼要立即放入80摄氏度左右的温开水中汆烫，这时，鮰鱼身上的黏液逐渐凝固，这些黏液腥味大，将其刮净可以起到去腥的作用。二是烧鱼时必须用土鸡汤，全程不能用水。这样做的目的是保持鱼肉鲜美，鲜中加鲜。三是全程不使用生抽和老抽上色，金口烧鮰鱼吃的是食材的本味鲜，加入生抽和老抽后其酱香味会将鱼肉和鸡汤的鲜味压制住。这也是金口烧鮰鱼不同于其他地方烧鱼的独特之处。

上桌后的金口烧鮰鱼色白悦目，晶莹剔透。鮰鱼肉质在鸡汤的加持下有一种咸中带甜的特色，入口时鱼肉紧致弹牙、鱼皮黏糯，有类似胶着"拉黏"的感觉。金口烧鮰鱼制作技艺把鱼的鲜香味美发挥得淋漓尽致。

金口烧鮰鱼晶莹剔透

金口榨油技艺

丁逸枫　　李黎

俗话说："开门七件事，柴米油盐酱醋茶。"食用油可以说是和人的日常生活息息相关、密不可分的。

在距今1600多年前，北魏贾思勰的《齐民要术》中就有压榨取油的记载。不仅如此，元朝的《王祯农书》、明朝的《天工开物》等历史典籍中也有关于榨油工艺的记录。

每年农历4月到6月，是农家压榨植物油的季节。江夏区因其特有的土壤和气候环境，四季分明，阳光充足，土壤中含有丰富的微量元素，金口、五里界、乌龙泉一带盛产芝麻、油菜、花生等油料作物，它们颗粒饱满，含油量足，为木榨油提供了天然的上等原料。木榨出来的油有色泽清亮、口感好、无腻味的特点。开榨时自然天成、香气扑鼻，有"榨油十里香"之称。

金口不仅商贸繁荣，明清时期的传统手工业也很发达，铁匠、木匠、

代表性传承人雷寿树

石匠、裁缝、篾匠、泥瓦匠等作坊遍布各村，其中，木榨制油技艺远近闻名，后来随之出现了收购油料的商贩和油行。

"康均益"榨坊，是当时人们认识和了解金口的一张名片。民国年间，金口境内的"康均益"榨坊拥有12盘榨、16头牛，日产食油1000余斤，还在汉口设有油庄，所产"水自麻油"享誉武汉三镇。后来当地又增加榨坊、油行5家。中华人民共和国成立后，全国实行油料统购，当地生产的食油全部由金口粮管所经营。

相关资料显示：1956年，金口粮油加工厂有25匹马力柴油机1台，木撞榨8筒，台时产油70斤。1957年，改木榨为14台螺旋榨和2台95型榨油机，日产量9000斤。由于榨油机械设备先进，出油率高，油的品质好，1978年后，当地平均年产芝麻油52万斤，菜籽油56万斤。

现年81岁的雷寿树是金口榨油技艺的传承人，家住江夏区金口街旭光村新堤角塆，他早年随父辈在榨坊做学徒，从1982年开始，就一直以榨油为生。

他告诉我们，传统的木榨榨油工序十分繁杂，环环相扣，缺一不可，每个步骤都得一丝不苟的完成。20世纪90年代末，金口一带还有十多个中小型榨油坊。一个榨油坊里的帮工少则三人，多则五六人，从早到晚干十几个小时，忙得脚不沾地。

由于木榨榨油的出油量相对较低，还需要投入大量的人力，榨油坊都逐渐改为半机械化榨油，传统木榨榨油工艺逐渐退出历史舞台。

20年前，雷寿树购置了一套榨油设备，用半机械代替了纯手工。虽然用机械代替了一部分体力活，但吹炒原材料，再挤压、榨制的过程依然延续了传统工艺，懂得炒制的火候控制非常关键。

"使用榨油机后，人会轻松一点，我一个人半天可以榨出1000斤油。"

用传统风机吹净除杂　　　　　　　　古法榨油劳作图

雷寿树介绍说，从农家收来的油菜籽、大豆、花生、芝麻经晾晒后，他会摇动木风车扇去里面的瘪豆、草屑等杂物。在榨油全过程中，不会加任何化学添加剂，低碳环保、无污染，天然营养不受破坏，保证了油品低芥酸、低硫、富含多种氨基酸的纯正品质。

"现在市场上纯正的食用植物油越来越少了，在我这里，100斤芝麻可以榨出40斤芝麻油，100斤花生只能榨出20斤花生油。现在先把这些存货卖完，等明年这个时候，说不定就不做了。"雷寿树苦笑着说。

雷寿树告诉我们，很多人会从市区慕名过来找他买油，但是榨油这项传统技艺耗时耗力，收益也不高，儿子不愿意接班，自己也上了年纪，等做不动就只能不做了。

时光荏苒，随着时代的进步、科技的发达，金口的榨油技艺已逐渐淡出人们的视野。我们在享受现代化生活的同时，也深深地怀念那些朴实无华的老手艺，因为，那些都是属于江夏人的珍贵记忆。

传统技艺

山坡光明茶制作技艺

李盈好

　　初春时节，阳气生发，万物复苏，而茶叶积累了一个冬天的养分，也开始生长，此时采摘制成的茶口感最好，芽叶也最细嫩。尽管"明前茶贵如金"，但对于老江夏人来说，如果春天没有喝上一杯明前光明茶，总觉得少了一道"鲜"味。

鸟瞰光明茶种植基地

在坚守中传承

立春过后，随着气温逐渐回升，江夏区山坡街道光明村以及周边近千亩茶园的茶树陆续冒出了新芽，进入采摘期。3月中旬开始，茶农趁着好天气，正在抓紧时间采摘第一批春茶。

武汉市江夏区山坡街光明茶叶协会的会长韩英胜在现场对前来采摘茶叶的村民进行采摘技术指导。韩英胜介绍："为了保证质量，我们要求春茶的采摘顺序是采独芽头、一芽一叶初展、一芽二叶初展，而清明前茶树的芽叶最嫩，加上气温仍较低，茶叶生长慢，因而产量有限。所以，明前茶是物以稀为贵。"

江夏区山坡街道的光明村，背倚天子山、紧邻梁子湖之滨，拥有最适宜茶叶生长的小气候环境条件。当地出产的光明茶历史悠久。 20世纪三四十年代，为了躲避战乱，一批批湖南人背井离乡，举家南迁，其中一部分人搬至江夏区山坡定居，安定下来后，他们沿袭了祖辈手工制茶的传统，一家一户自饮自乐。

20世纪70年代，江夏山坡乡光明大队的大集体茶厂主要采取大机制作精茶，茶农利用柴火烧灶后，用双手在锅中翻炒制茶。这种手工作坊式的生产方式，不能满足日益旺盛的市场需求。1982年，实行土地承包后，越来越多的农民开始在自己的土地上大规模种植茶叶，做起了自产自销，逐步形成了一定的产业基础。1982年，为适应市场的需求，大集体性质的山坡光明茶场狠抓产品质量，把原来的老茶山逐步改为培育无性系优良品种，如中茶108、福鼎大白、鄂茶1号等。同时，在保留了原有作坊式生

茶农挎着竹篓采摘鲜叶   上等的光明茶只采摘芽头

产方式的基础上，增添了全自动电脑流水线作业生产线，大大提升了"江夏光明茶"的生产效益。

　　据《武昌县情》（1986－1990年）记载，从1986年开始，山坡光明茶场生产的绿茶曾连续4年获省优产品，畅销全省各地。1993年，山坡光明茶场生产的翠毫（绿茶）被湖北省农牧业厅评为特等奖，光明茶厂生产的绿茶一时成为武汉茶叶市场上的热销产品。

在传承中创新

  韩英胜，是江夏光明茶制茶技艺的第三代传人，师从其堂兄韩英文。他能按鲜叶长短、老嫩、摊放时间长短的不同而制定不同的工艺。据他介绍，江夏光明茶分为手炒和机炒两种，传统工艺的制作过程相当精细。通常一个熟手一天只能采六七斤鲜叶，而制作明前龙井需经过摊放、青锅、成条、回潮、辉锅、分筛、挺长头、归堆、收灰等九道工序，一般用四到五斤茶青，才能制出一斤上等龙井。其中，回潮后的茶叶倒入锅中，进一步炒干成型，这一步就叫做辉锅。通常一锅辉，叶量为150～250克，锅温为60～70℃。锅温分低、高、低三个过程，手势压力逐步加重，主要采用抓、扣、磨、压、推等手势。其要领是"手不离茶，茶不离锅"。

  韩英胜出生于1957年，1984年12月，他从外地务工回到家乡，跟随堂哥韩英文学习种茶、制茶。1996年，他承包了几十亩地开始种茶，开设家庭手工作坊进行茶叶加工。2013年，他和妻子壮着胆子向亲朋好友筹款成立了武汉山坡湖茶山茶叶有限责任公司，专业从事光明茶的种植和生产销售。当时，在光明村及周边区域，有大小茶场十余家，为了避免同质化竞争，韩英胜决定增加红茶品种。但与原本制作绿茶的工艺相比，红茶的制作工艺较为复杂繁琐，发酵更是成为红茶"红叶红汤"品质的关键工序。

  遇到难题后，韩英胜并没有知难而退。他多次前往福建等地考察茶山，并高薪聘请红茶制茶师傅到光明村常驻，指导红茶制作技术。与原本制作绿茶的工艺相比，红茶制作更为复杂，需萎凋、揉捻、发酵、干燥等多个过程，而为了保证茶叶醇厚，每道工艺都需要反复验证。每次新茶出炉后，韩英胜都会亲自试味评审，用自己的舌头找到光明茶的"最佳配方"。

韩英胜说，光明红茶口感已接近国内一流红茶的水准，如今，他的茶厂成为当地唯一生产光明红茶的地方。

目前，韩英胜公司的种植基地种植面积达到380亩，主要采摘春茶和秋茶，年产量达到3000斤，供不应求。为促进茶类结构调整，提高茶叶品质，近年来，经过土地深翻、修整梯坎，他又在基地里换种了一部分有机生态白茶和黄茶优良品种，只采摘一芽一叶进行制作。目前，已经可以生产绿茶龙井、黄茶郁金香、安吉白茶、红茶金骏眉等品类。

代表性传承人韩英胜指导徒弟炒青

对新茶进行评审

传统技艺——

223

翠毫绿茶口感鲜爽

在创新中发展

2006年，在当地政府的支持下，山坡街光明村成立了武汉市江夏区山坡街光明茶叶协会，会长由韩英胜担任，并申请了"江夏光明茶"品牌。2013年，由武汉出版社出版、江夏区政协编辑的《江夏美食》中记录了江夏光明茶的种植历史，并将代表江夏特色的美食推荐给广大市民。

2018年2月，"江夏光明茶"获得国家农产品地理标志登记保护；2019年12月被第七届世界军人运动会运动员村运行管理委员会授予第七届世界军人运动会军运村茶叶供应商；2020年11月，韩英胜公司出产的翠毫（绿茶）荣获二十一届中国绿色食品博览会金奖；2021年12月江夏光明茶在CCTV7频道进行宣传。

以前，由于工艺水平的限制，光明茶的采摘和生产时间只有每年春季，采摘下来的茶青仅用来制作绿茶。如今，经过韩英胜的苦心经营，江夏光明茶的产地不仅出产绿茶，还可以出产红茶和白茶，其品质不亚于国内著名品牌。

如今光明茶已经在市场上小有名气，也带动了大批当地人增收，光明村以及周边区域的光明茶种植基地达到两千余亩。但在韩英胜看来，江夏光明茶还能走得更远。

作为江夏区山坡街道光明茶叶协会的会长，韩英胜希望通过创建茶叶有机生产示范基地、推行标准化生产，不断完善行业规范和标准，让"江夏光明茶"这一农产品地理标志从知名变成著名，促进当地特色产业发展壮大，在助力乡村振兴、促进农业增效上发挥更大作用。

金口竹器制作技艺

惠　雯

　　取一根篾条，随着手指上下翻飞，一只竹筐渐渐露出轮廓。仔细一看，朱彩云的手上留下了许多伤痕，双手也长满了老茧。竹篾条多刺，一不小心就会扎破手指，这些伤痕见证了她多年延续传统的纯手工制作、传承百年技艺的不易。

　　金口竹器制作，始于水运兴盛时期的清代。来自南方的客商，将大批的竹子通过长江水运贩到北方售卖，那些跟随货物而来的商人以及工匠，也便纷纷在金口码头上岸，就近进行交易和谋生。到了民国初年，当地的竹器制作业已经十分发达，这一时期的制作技艺得到迅猛发展，当地陆续

竹编作品

代表性传承人朱彩云挑选竹子

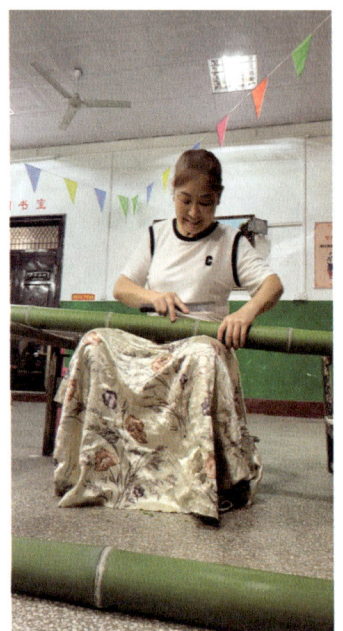

给竹节做处理

刮去竹节处的凸起

用篾条制作竹器

制作篾条细节

出现不少作坊，篾匠们手工编制的竹席、竹床、簸箕、箩筐、筷篓等产品深受客商青睐。

　　然而，从20世纪90年代末开始，塑料制品、金属日用品的大量涌现，占领了日常生活用品市场，金口竹器产品受到了严重的冲击，开始出现乏人问津的危机。篾匠这个职业无人愿学，没人接班，陷入了前所未有的尴尬境地。

　　朱彩云是金口本地人，家里务农，除了做农活，她一直想学一门手艺。一次偶然的机会，她爱上了竹器制作技艺。经过打听，她决定拜当地有名的篾匠朱汉生老人为师。她自豪地提到，师傅虽然已经年过八旬，但竹器制作技术依然十分娴熟、工艺精湛，是现在金口从业时间最长、最具代表性的竹器制作匠人。在武汉市中山舰博物馆里，曾经展出过一艘一米多长的全篾制中山舰模型，受到人们好评。这个模型上的船身、烟囱、指挥室、火炮、旋桨等部件全部是朱汉生用竹子做成的。

竹器制作技艺本身并不难，但是编、绞、插、扣等技法从粗到细，非常考验人的耐心。"我们这一行的基本功是劈篾，得练就手腕和手指的灵活度，屏气凝神，一气呵成。"朱彩云跟着朱汉生老人从选料、劈篾到编织，慢慢学习各项工序，学着学着就产生了浓厚的兴趣。

朱彩云说，只有摸清楚竹子的特性才能更好地发挥它的作用，所以，选竹子是决定一件竹器制品成功与否的关键。

金口竹器制品以楠竹和雷竹为主，一件合格的竹器想要平整紧实、轻巧坚韧，必须采用多种竹料相互配合。首先要经过严格的挑选，将新老适中的竹子，通过破竹、去节、刮青、劈篾等步骤，削成一根根柔软轻盈的篾条。新竹容易劈断，不好分清竹青和竹黄；而老竹则相对适合，但如果竹子发黄、长斑也不能采用。另外，不同编法对竹篾的要求也不一样，需要一层层地破出不同宽窄厚薄的篾条码好，以供编织。

刚出师的时候，朱彩云对比较复杂的技艺还是不太娴熟，于是她就从简单的修补竹篮做起，用心揣摩工艺，凭借着扎实的手艺和好人缘，在街上也慢慢有了名气。如今，她已经不需要靠着这门手艺谋生，但还是坚持着自己的热爱。

朱彩云说，竹器具有环保节能、绿色健康的特点，一招一式里凝聚着祖辈的智慧，虽然制作过程很耗时耗力，利润也非常微薄，但她还是希望传统技艺能通过老师傅们的努力得到普及和发扬，实现文化的传承。

鱼篓

筷篓

榫 卯 技 艺

李盈好

一榫一卯，天衣无缝，一转一折，巧夺天工。

有人认为，榫卯工艺是凝聚着东方智慧的发现。传统苏作红木家具榫卯工艺，不用一颗螺丝钉、一滴粘合剂，浑然天成，是传统中式家具的精髓，也是中国千年榫卯工艺的集大成者。

何谓榫卯？武汉睿德龙实业有限公司技术总监陈义林介绍说，榫卯是古代中国建筑、家具及其他器械的主要结构方式，是在两个构件上采用凹凸部位相结合的一种连接方式。凸出部分叫榫（或叫榫头），凹进部分叫卯（或叫榫眼、榫槽）。其特点是在物件上不使用钉子，

代表性传承人陈义林

而是利用卯榫加固物件，千变万化，处处都体现着中国古老的文化和智慧。

中国传统家具有着悠久的历史，从明朝中期兴起的明式家具被誉为"东方艺术明珠"，其艺术性之高、工艺之精良是任何时期的家具都无法比

拟的，而苏作家具工艺又是明式家具制作工艺最具代表性的核心工艺。

明宣德年间，苏州织造局成立木器坊，专门制造皇室家具，明后期开始向京津地区、闽粤两省发展；到了清代中叶，逐渐形成由清代宫廷内务府造办处根据需要出样、监制的"京作"，以及针对南洋出口的海派"广作"。在工艺、造型、品种上，形成了不同的文化和艺术特色，这也就是早已约定俗成的"苏式家具""京式家具""广式家具"的由来。

清代末年，作为长江流域最重要的通商口岸之一，武汉开始出现服务于达官贵人的木器手工作坊，受传统儒家文化的影响，本地普遍接受的是传统苏作的明式家具。于是，武汉的家具手工作坊纷纷重金聘请苏州、东阳的顶级匠人来汉做工，一百余年来，苏作红木家具榫卯技艺代代相传。

武汉睿德龙实业有限公司的厂房位于江夏庙山经济开发区，宽敞的车间里堆满了材料和工具，散发出一阵阵淡淡的木屑香味。

全榫卯结构的红木家具

颜值颇高的榫卯小折凳

技术总监陈义林用传统工艺开榫做卯做出的红木富贵凳，非常精巧可爱，它的学名叫"无束腰直足小方凳"，是明代居室中的日常用具。陈义林告诉我们，如果榫卯使用得当，两块木结构之间能严密扣合，达到"天衣无缝"的程度，这充分体现出手艺人的工匠精神。

今年60岁的陈义林，脾气温和，和人交流的时候说话不多，甚至有几分腼腆。但在业内，他属于响当当、十分有来头的大师傅。

从16岁从师学艺开始，陈义林坚守传统榫卯木工技艺40多年。陈义林感慨："20世纪的家居以木家具为主，所以木匠这门传统手艺一直比较吃香，不过，我们学艺的时间很长，至少得6年时间才能自立门户。"

1988年，陈义林出师后离开安徽老家，进入苏州红木雕刻厂，在加工车间负责划线工作，师从于厂里第二代木器大件传承人袁菊根，随着时间的推移，逐渐成长为工作骨干，在工作中挑起大梁。

陈义林回忆，袁菊根师傅为人比较严厉，有时候可以说是精打细算、惜木如金。当年，师傅经常告诫他，苏作家具利用了传统建筑中的大木梁架结构，以框架榫卯为结构，衔接处紧密无缝。既要造型优美，又要省木料，甚至连很小的木片都得派上用场，这样不论是大件器具或是小件器具，对榫卯工艺的要求都很高。

1993年，陈义林参与了清末巨商胡雪岩故居家具抢救性修复的设计监制工作。胡雪岩故居位于杭州古河坊街边，占地面积10.8亩，建筑面积5815平方米，其建筑和室内家具的陈设、用料都十分考究，堪称清末江南第一豪宅。修缮团队根据古建保护档案史上的珍贵资料，潜心研究，精心施工，重现了历史人物生活场景的独特文物价值和艺术魅力。这是迄今为止最让陈义林难忘的一次挑战。

其后，陈义林又参与了中南海紫光阁内古典家具的修复制作。

2012年，陈义林以武汉睿德龙实业公司为传承基地，深度介入龙木臻品、明韵龙木品牌红木家具的设计开发和制造，将40多年的经验理念与新工艺新方法融汇其中，带领技术团队仿制了王世襄《明式家具研究》中的系列经典款明式家具，为传统中式家具的研究和保护工作留存了大量1∶1的实物，用心打造明式家具之美。

提及传承手艺的话题，陈义林表示，自己不缺徒弟，这些年，他陆续带过十几个徒弟，目前已经有了徒孙，遍布世界各地。他注意到，很多都市的年轻人都喜欢做木工活儿放松解压，经常玩得乐此不疲。为此，陈义林特别用小料研制了鲁班锁、木蜻蜓等精巧的榫卯玩具，希望它们比乐高还"香"，有机会吸引更多新鲜血液的注入和融合,铺就榫卯技艺的复兴发展之路。

榫卯技艺暗藏东方美学

金口何氏牛肉粉制作技艺

李盈好

武汉人把吃早餐称为"过早"，除了大名鼎鼎的热干面，武汉人过早的品种里还少不了一碗米粉。无论是冒着热气的炒粉，或是一碗红油汤粉、热干粉、糊汤粉，都是开启武汉人味蕾的金钥匙。

每天凌晨，当武汉市江夏区纸坊老街还处于沉睡中的时候，有一家名为"何师傅牛肉粉"的早餐店，就已经热闹起来了。炸面窝时油锅里的沸腾，下米粉时雾气的升腾，瞬间将这个城市唤醒。凭借老板精湛的手艺，

面窝是牛肉粉的"黄金拍档"

以及口口相传的口碑，每天一大早开门就会有许多赶过来的客人，从凌晨五点半到上午九点，这里一直是人声鼎沸。老板何斌坐在收银台里面，不时和进进出出的熟客们点头打着招呼。

这里的一碗招牌牛肉粉，看似平淡无奇，实则独具匠心。

何斌是江夏金口人，金口街地处长江中游南岸，民间美食文化源远流长。当地的早点品种繁多，生煎包、面窝、油条、豆腐脑、热干面等应有尽有，其中，何斌父母创办的"何师傅牛肉粉"是毋庸置疑的口碑老店，很多人一吃多年不厌。

明清时期，人们以走水路居多，地处交通要道的金口码头兴盛一时。汉口开埠后，金口码头上货运繁忙，由于缺少新鲜优质食材来源，加上码头的搬运工人和船工收入有限，因此格外偏好油厚辛辣和重盐等刺激性口味，所以"鱼糊汤粉""红油火锅"等比较"重口"的美食，组成了独特的金口味道。每天收工之后，坐在江风刺骨的大排档里，一碗热汤下肚，不仅能让人暖胃解馋，更能抵御风寒，实在是一举两得的人间美事。

何斌的父亲何作荣曾在金口的国营搬运站工作多年，1983年，何作荣和妻子郭伏珍双双下岗，失去家庭生活来源。好在郭伏珍在街上的餐馆上过班，练得一手好白案手艺。为了谋生，她每天在家里搓麻花再用油炸熟，带着儿女提着篮子沿街叫卖。为了帮衬妻子，何作荣尝试用鱼糊汤粉的做法来做牛肉粉。他以撒了厚厚一层胡椒粉的牛肉浓汤为底，做成牛肉面和牛肉粉，汤鲜味辣，吃了令人食欲大振。

当时，他们设在老金口码头附近的店堂非常简陋，几张方桌一溜儿摆放。但是以金口人对吃的挑剔，即使是深藏在犄角旮旯儿的美味，吃货们也一定要找过去解馋。因为味道独特，价格又实惠，很多人慕名前往何家"过早"。每天晚上十二点多，不少街坊会聚在这里匆忙吃一碗米粉配油条

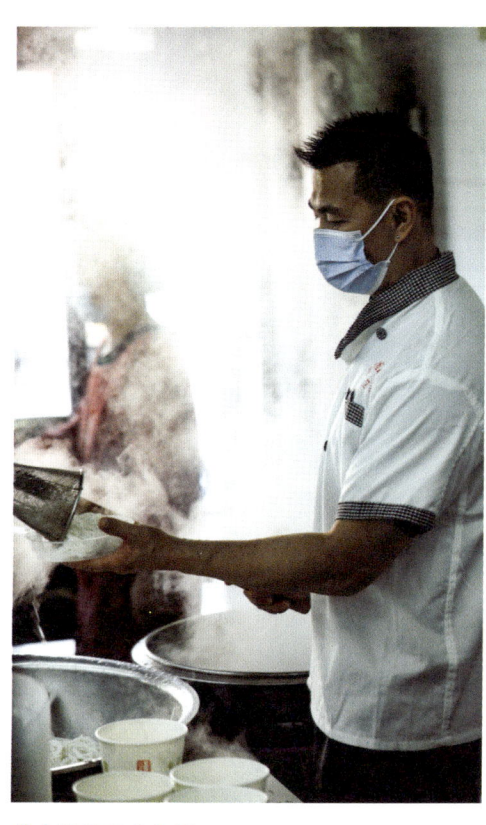

代表性传承人何斌　　　　　　　　　　下粉的步骤非常简单，关键是放料

果腹，再搭乘早班船赶到汉口的早市，风雨无阻地摆摊卖菜。

　　何斌和姐姐何朝霞一直跟随父母学徒，在父亲去世之后，姐弟俩成为何氏牛肉粉的第二代传人。2004 年，他们把金口的店面转让给表哥经营，举家搬到纸坊开店。

　　一直到现在，何斌依然严格遵循父亲传授的秘方和制作工艺，严把食材关、加工工艺关和卫生关，还研发出了手工牛肉酱系列。在不断钻研的过程中，他根据纸坊人的口感不断改良配方，调整淀粉比例和辣度，又将米粉的搭档从炸油条改为炸面窝，把点缀用的香菜改为更耐存放的芹菜。

　　何师傅牛肉粉的牛肉汤底是浓汤底，以牛肉、牛骨长时间熬煮出浓

传统技艺

招牌牛肉粉让人食指大动

汤，并加入大量胡椒提味。在尚未勾芡之前，就要用胡椒将腥味压下去，不然腥味太重，就会盖过鲜味。经过细火慢炖之后，汤汁的醇厚融入米粉之中，米粉的口感细腻，弹嫩顺滑，汤汁浓稠，入口辛而不辣，滋味十足。夏季食用有利于发汗解暑，冬季则让人吃得五脏六腑都暖和起来。

每天凌晨两点半起床后，何斌会和妻子、姐姐到店里开炉熬煮两大锅浓汤，然后再打糊。他们全程要守在炉边不断搅拌，整个过程大约1个小时。牛肉则提前一天就用秘制大料包卤好切薄片，用的是一口直径1.2米的大铁锅，一锅料子用200斤生牛肉可以卤出60斤熟牛肉。值得一提的是，他家的米粉也很讲究，是特地找金口的亲戚以优质大米为原料定制的鲜湿细米粉。

40年来，何师傅牛肉粉的店内终日香气氤氲，往来食客络绎不绝。近年来，凭借着好口碑，何师傅牛肉粉更是成为网红小吃，一天能卖出200多斤米粉。这碗粉让人即便远在异乡，也时常挂念在心头。不少人过年回家探亲都要来吃上一碗，吃完后感觉还不尽兴，还会特地买好几份打包冰冻后搭乘飞机带走，纵然远隔万水千山，武汉伢也终于能够一解乡愁了。